ORNAMENT IN TRANSITION

Silke Trekel

Schmuck / Jewellery

1995–2020

ORNAMENT IN TRANSITION

Silke Trekel
Schmuck / Jewellery
1995–2020

Herausgegeben von / edited by
Ellen Maurer Zilioli

arnoldsche

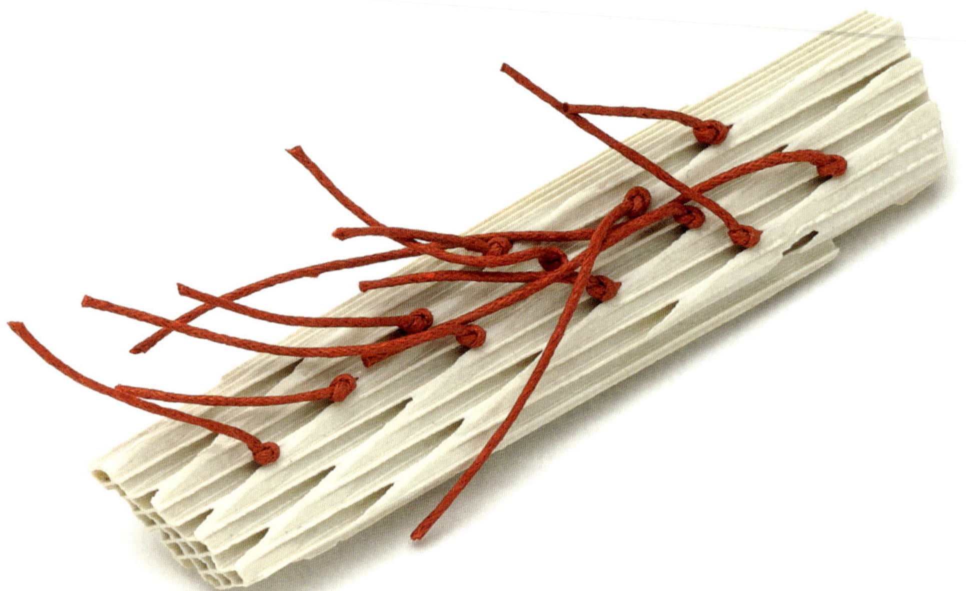

Inhalt / Contents

GEORDNETE DIMENSION

Monika Fahn

Silke Trekel lebt in Halle. Hier hat sie an der Burg Giebichenstein durch das Studium bei Dorothea Prühl ihre entscheidende künstlerische Prägung erhalten. Mehr noch, sie hat sich eine künstlerische Haltung erworben und bis heute bewahrt. Von grundlegender Bedeutung ist das Material, aus dessen spezifischen Eigenschaften sich die Formgebung entwickelt. Die Größe ist niemals eine Begrenzung. Im Gegenteil, der Mut zum großen Format und die Gelassenheit, die Arbeiten wachsen zu lassen, prägen Silke Trekel seitdem.

Alles beginnt mit einer Inspiration, die Silke Trekel aus ihrer Umgebung schöpft. Sie fotografiert, sammelt scheinbar alltägliche Dinge, entdeckt achtlos Weggeworfenes, dessen Form, Materialität oder Struktur sie ansprechen. Es sind aber auch Stimmungen, ein flüchtiger Augenblick, Musik, bildhafte Erinnerungen von Reisen sowie raumbildende Systeme der Natur und Wissenschaft, aus denen Anregungen entstehen. Nun kann der Schaffensprozess beginnen. Im Mittelpunkt steht die experimentelle Auseinandersetzung mit dem Material, immer auf der Suche nach einer klaren Formensprache. Der Materialwert spielt dabei keine Rolle, sondern die Eigenschaften und die Wirkung, die das Material ausstrahlt. Fast könnte man sagen: Das Material gibt die Form.

Silke Trekel verfolgt unterschiedliche Herangehensweisen, ihren Arbeiten eine plastische Dimension zu geben und Volumen zu verleihen. Schmuck kann dabei zum Objekt, zur autonomen Kleinplastik werden. Ihr geht es darum, „komplexe Strukturen durch möglichst wenige Grundelemente zu erzeugen, so dass sich aus ebenen Flächen dreidimensionale Anordnungen ergeben."[1] Wichtige Anregungen erhält sie vom skulpturalen Werk des Minimalisten Carl Andre. Es ist seine Art und Weise, unbearbeitete Werkstoffe wie Beton, Stahl und Zedernholz gelegt, gereiht oder geschichtet im Raum anzuordnen. Die von diesen Kunstwerken ausgehende gewaltige Kraft von Masse und Material wird für Silke Trekel zu einer Elementarerfahrung.

Eine Auseinandersetzung mit dieser Thematik zeigt die Werkgruppe *Raumfiguren* (s. S. 40–41). Das Ausgangsmaterial ist Eisenblech, daraus schneidet und stanzt die Schmuckmacherin geometrische Elemente. Auch die zurückbleibenden Negativformen finden als Formstücke Verwendung. Die Oberflächen werden zum Teil mit zarten Mustern plastisch strukturiert, dann mit weißem Email überzogen, dessen Farbspektrum hin zu Grün- und Blautönen erweitert wird. Die durch das Emaillieren teilweise frei bleibenden Kanten und zarten Binnenstrukturen lassen den Blick auf das Trägermaterial frei und betonen die Zeichenhaftigkeit der Oberfläche. Nun beginnt die Komposition, gleiche Teile werden rhythmisch aneinandergereiht oder verschiedene Elemente kontrastierend zusammengesetzt. Silke Trekels Interesse gilt dabei „nicht dem rein formalistischen Spiel mit geometrischen Elementen, sondern den Abweichungen und Unregelmäßigkeiten innerhalb dieser Ordnungen." Es entstehen opulente Ketten und raumgreifende Broschen. Erst durch das Anbringen der Broschierung wird dem Werk eine definierte Vorderseite zugewiesen. Andernfalls könnten sie auch als kleine, allansichtige Objekte bestehen, alle Seiten sind gleichermaßen sorgfältig ausgearbeitet.

Tragbarkeit und Funktionalität spielen beim Schmuck eine entscheidende Rolle. Hier sind das menschliche Maß, die alltägliche Bewegungsfreiheit des Trägers und das Gewicht des Schmucks die begrenzenden Elemente. Das schließt aber ein gewisses Volumen nicht aus.

Silke Trekels Stücke wirken auf den Betrachter voluminös, sind aber oft überraschend leicht. Verschlüsse und Broschierungen sind in die Gestaltung eingebunden, bevorzugt kommen Doppelnadeln zum Einsatz, die dem Träger verschiedene Optionen des Tragens anbieten. Bei der Tragbarkeit spielt die Beweglichkeit des Schmucks eine große Rolle. Nicht jeder Halsschmuck trägt sich gleichermaßen gut, das ist auch material- und formabhängig. Die Beweglichkeit des Halsschmucks von Silke Trekel variiert zwischen fließend und gebunden, je nach Anzahl, Größe und Anordnung der Einzelformen. Durch die Bewegung beim Tragen entsteht zudem oft ein rhythmischer Klang, ein leises Rascheln, das den Schmuck lebendig werden lässt.

Neben den Broschen ist es der Halsschmuck, der Silke Trekel besonders interessiert. Durch ihn wird das Gesicht betont und damit der ganze Mensch. „In seiner Anpassung an Hals und Schultern, Brust und Nacken unterstreicht der Halsschmuck nicht nur das Charakteristische der Person, sondern stellt auch heraus, in welcher Beziehung die einzelnen Teile des Schmucks zueinanderstehen. Dabei fügt sich sowohl jedes einzelne Teil als auch deren Anordnung im Zusammenspiel mit dem Träger zu einem größeren Ganzen. Erst in dieser Gesamtheit wird der Schmuck zum Ornament am Körper und bleibt nicht nur zierendes Beiwerk."

Mit einer Fragestellung beschäftigt sich Silke Trekel eingehend: Kann eine Kleinplastik, die spannungsreich und ausgewogen in den Proportionen ist, einer Vergrößerung standhalten? Oder geht dabei die formale und inhaltliche Aussage möglicherweise verloren? Bei der Skulptur im Raum ist die Herangehensweise eine ganz andere, weitere Faktoren wie Statik, Verortung im Raum und auch Sicherheit sind zu beachten. Silke Trekel hat einen Ausflug in dieses Gebiet gewagt und als Werkstoff das Industrieporzellan gewählt. Mit seiner bereits vorhandenen Binnenstruktur und der wesentlich größeren Abmessung des Ausgangsmaterials – es handelt sich um keramische Wabenkörper für den technischen Einsatz als Wärmetauscher – können andere Dimensionen entstehen. Für die Serie *Module* (s. S. 22–23) schneidet, formt, brennt und bearbeitet Silke Trekel das zunächst weiche Material in vielen Arbeitsschritten. Die so entstandenen kreisförmigen Segmente werden wie Steckfiguren miteinander verbunden. Es entstehen fast ein Meter große Objekte, die in kraftvollen Wendungen den Raum erobern. Das vornehme Weiß des Materials, zusammen mit der in einer Wabenstruktur aufgebrochenen Oberfläche, geben der Skulptur etwas Leichtes und zugleich Ornamentales. „Es hat mich gereizt, das kleine Format einmal zu verlassen und kleinplastische Schmuckobjekte als Installation in den Raum zu projizieren. Entstanden sind modulhafte Strukturen, die sich in der Wiederholung und Reihung unendlich fortsetzen lassen." Silke Trekel ist bei diesen Arbeiten das Spiel von Licht und Schatten und die sich daraus ergebende Ruhe oder Lebendigkeit wichtig. Aber auch, wie sich der Betrachter im Raum dazu verhält. Bei der Verwendung von Industrieporzellan findet es Silke Trekel spannend, das bestehende Gleichmaß durch Verformungen, Abweichungen, Veränderungen aufzubrechen und damit Irritationen hervorzurufen. Dabei ist es eine willkommene Herausforderung, aus einem seriellen Produkt wieder ein Unikat entstehen zu lassen. Schließlich kehrt Silke Trekel doch zum handlichen Schmuckformat zurück. Es sind das Drehen und Wenden des Stückes in der Hand, das Betrachten von allen Seiten und auch die Möglichkeiten der Bearbeitung, die ihr eher entsprechen.

Silke Trekel bevorzugt große Formen, Volumen und Plastizität, sie gibt dem Material und seinen verschiedenen Bearbeitungsmöglichkeiten viel Raum. Es geht um Struktur, Haptik und Oberfläche, weniger um die Farbigkeit. Neben der Klarheit und Ordnung, der Ruhe und Harmonie, die alle Arbeiten von Silke Trekel ausstrahlen, sind es die unerwarteten Details und kleinen Brüche, die eine reizvolle Spannung erzeugen.

---

1 Dieses und alle folgenden Zitate entstammen einem Gespräch, das die Autorin am 7. Oktober 2020 mit der Künstlerin führte.

ORDERED DIMENSION

Monika Fahn

Silke Trekel lives in Halle, the city in which she received her definitive formation as an artist by studying with Dorothea Prühl at Burg Giebichenstein. What is more, Halle is where she acquired the aesthetic stance that she has retained to the present day. Material is of paramount importance to her because design develops out of its specific properties. Size is never a limitation. On the contrary, Silke Trekel has since then been characterised by the courage to take on the challenge presented by large formats and the equanimity to allow works to grow.

It all begins with the inspiration that Silke Trekel draws from her surroundings. She photographs, collects seemingly everyday things, discovers casually discarded items that appeal to her because of their form, material or structure. There are, however, also moods, a fleeting second, music, visual memories of travels, and spatial systems of nature and science that can also provide inspiration. Now the creative process can begin. It centres on experimental investigation of the material at hand, always in search of a clear language of forms. The value of the material plays no role at all. Its properties and the impact a material makes are what count. You might even say: material determines form.

Silke Trekel employs several different approaches to giving her works a sculptural dimension and lending them volume. In the process of invention, jewellery can become an object, an autonomous work of sculpture. Her chief concern is 'to generate complex structures from as few basic elements as possible so that three-dimensional arrangements result from level surfaces'.[1] She draws important inspiration from the sculptural work of the Minimalist Carl Andre, a way of arranging unworked materials such as concrete, steel and cedar wood laid on a floor or the ground, juxtaposed or layered in space. The powerful impact made by the sheer mass and material of these artworks has become an elemental experience for Silke Trekel.

The group of works entitled *Raumfiguren* [Spatial Figurations] (see pp. 40–41) demonstrates how this subject matter is investigated. The original material is sheet steel. From it the jewellery-maker cuts and stamps geometric elements. The negative forms that are left over are also used as shaped pieces. Surfaces are textured in part with delicate raised patterns, then coated with white enamel, its colour range enlarged to include tints of green and blue. The edges left exposed in the enamelling process and delicate structures within the contours reveal the support material and emphasise the sign-like character of surfaces. Composition begins at this point: identical parts are rhythmically juxtaposed or dissimilar elements are assembled in contrasting arrangements. Silke Trekel is interested in 'the deviations and irregularities within these arrangements rather than merely formalist toying with geometric elements'. Sumptuous necklaces and brooches that invade space are the result. A brooch is not assigned a defined front until pin-fittings and a clasp have been attached to what is now the reverse.
In all other respects, these pieces might also hold their own as small objects to be viewed from all sides because each face has been worked with equal care.

Wearability and functionality play a crucial role in jewellery. The delimiting elements here are human scale and proportions, the wearer's freedom of movement in all everyday situations and the weight of the jewellery.
All this does not, however, preclude a certain volume. Silke Trekel's pieces look as if they are

massive although many are surprisingly light. Clasps and pin-fittings are tied into the overall design. Double pins are usually employed because they provide wearers with a range of options for wearing a piece. The moveability of a piece of jewellery plays a major role in ensuring wearability. Not all pieces of neck jewellery are equally wearable. Wearability is a quality that also depends on the material used and the design of the piece. The moveability of neck jewellery varies between fluidity and stiffness, depending on the number, size and arrangement of the individual forms. Movement while a piece is being worn often also induces a rhythmic sound, a soft rustle, which makes the jewellery come alive.

Silke Trekel is particularly interested in neck jewellery and brooches. Neck jewellery emphasises the wearer's face, hence the whole person. 'In adapting to the wearer's neck and shoulders, chest and back of the neck, neck jewellery not only underscores that person's defining characteristic but also reveals the relationship of the individual parts of the jewellery to each other. While a piece of jewellery is being worn, both the individual parts and their arrangement in connection with the wearer fuse into a greater whole. Only as an aggregate does jewellery become an adornment on the body rather than merely a decorative parergon.'

Silke Trekel goes into one particular issue in depth: can a small work of sculpture that is multifaceted and harmonious in its proportions retain these qualities when it is enlarged? Or might the statement it makes by virtue of its form and content be lost when this happens? The approach to sculpture in space is totally different: other factors, including statics, location and even safety must be taken into consideration. Silke Trekel has also ventured on a foray into this field, choosing to work in industrial ceramic. Different dimensions may result from the predetermined inner structure and considerably larger physical dimensions of the original material – honeycomb ceramic for use in heat-exchanging technology. For her Module [Modules] (see pp. 22–23) series, Silke Trekel cuts, moulds, fires and works what is initially soft material in many work stages. The circular segments thus created are interlinked like snap-together figurations. The resulting objects are nearly one metre high and invade space in powerful twists and turns. The elegant white of the material, along with a perforated honeycomb surface, lend such sculpture both lightness and a decorative appearance. 'Abandoning small formats for once and projecting small jewellery objects into the space as an installation appealed to me. Modular structures that continue infinitely in repetition and juxtaposition are the outcome.' In these works the play of light and shade and the tranquillity or vitality resulting from it are important for Silke Trekel. What also matters, however, is the way viewers respond to it in space. Breaking down existing proportions by distortion, deviation and changes to elicit disruptions is what Silke Trekel finds so exciting about using industrial ceramic. She welcomes the challenge of creating a one-off piece from a mass-produced product. Silke Trekel ultimately, therefore, returns to the manageable jewellery format. She feels more comfortable with twisting and turning a piece in her hand, looking at it from all sides and exploring the possibilities for working it.

Preferring large forms, volumes and sculptural qualities, Silke Trekel gives a great deal of scope to her material and the variety of potential ways for working it. Structure, tactility and surface matter more than colour. Aside from the clarity and order, the quiet and harmony radiated by all of Silke Trekel's works, unexpected details and small disruptions are the qualities that create exhilarating tension.

---

1 This and all quotations that follow are from an interview with the artist which the author conducted on 7 October 2020.

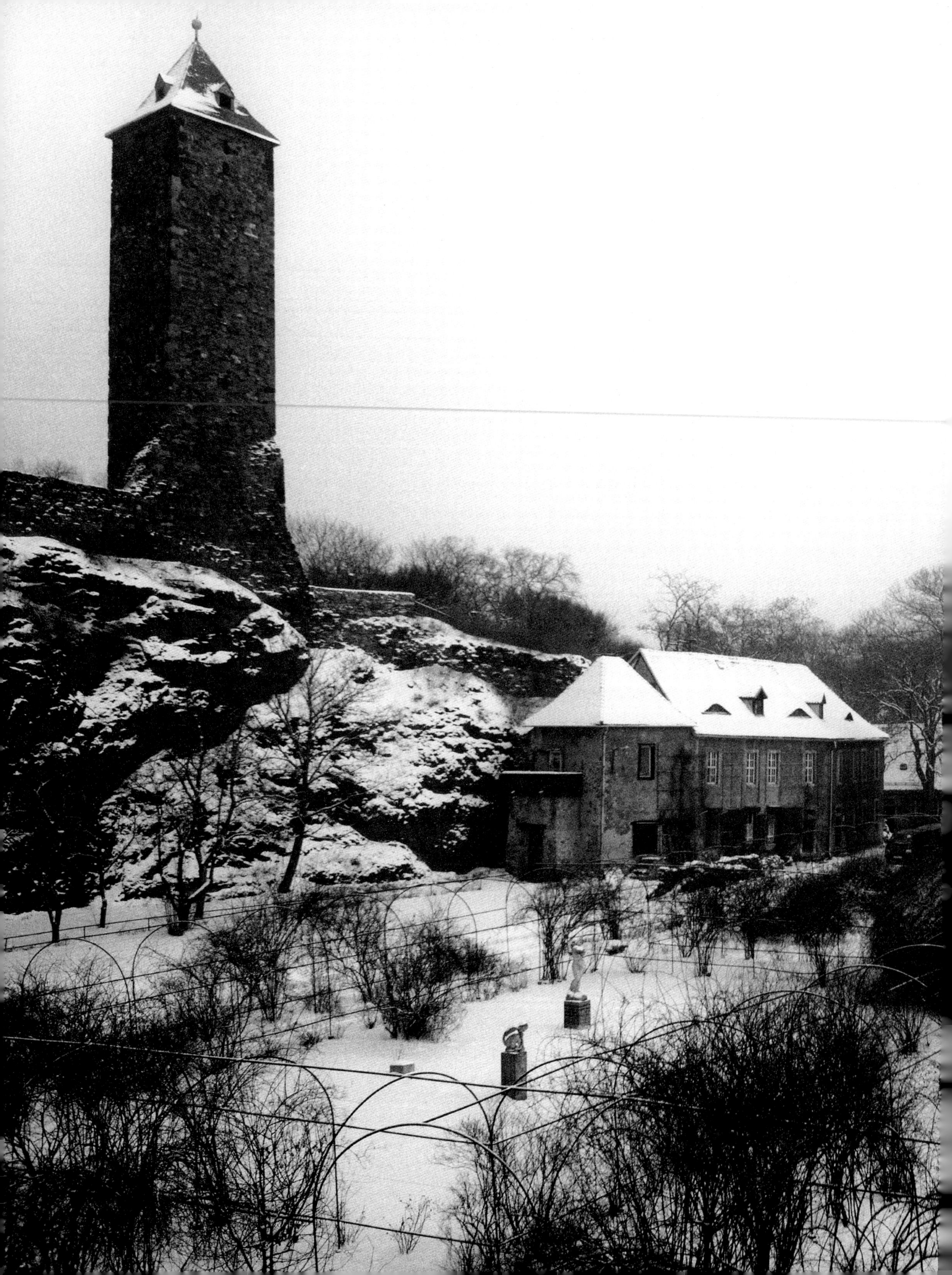

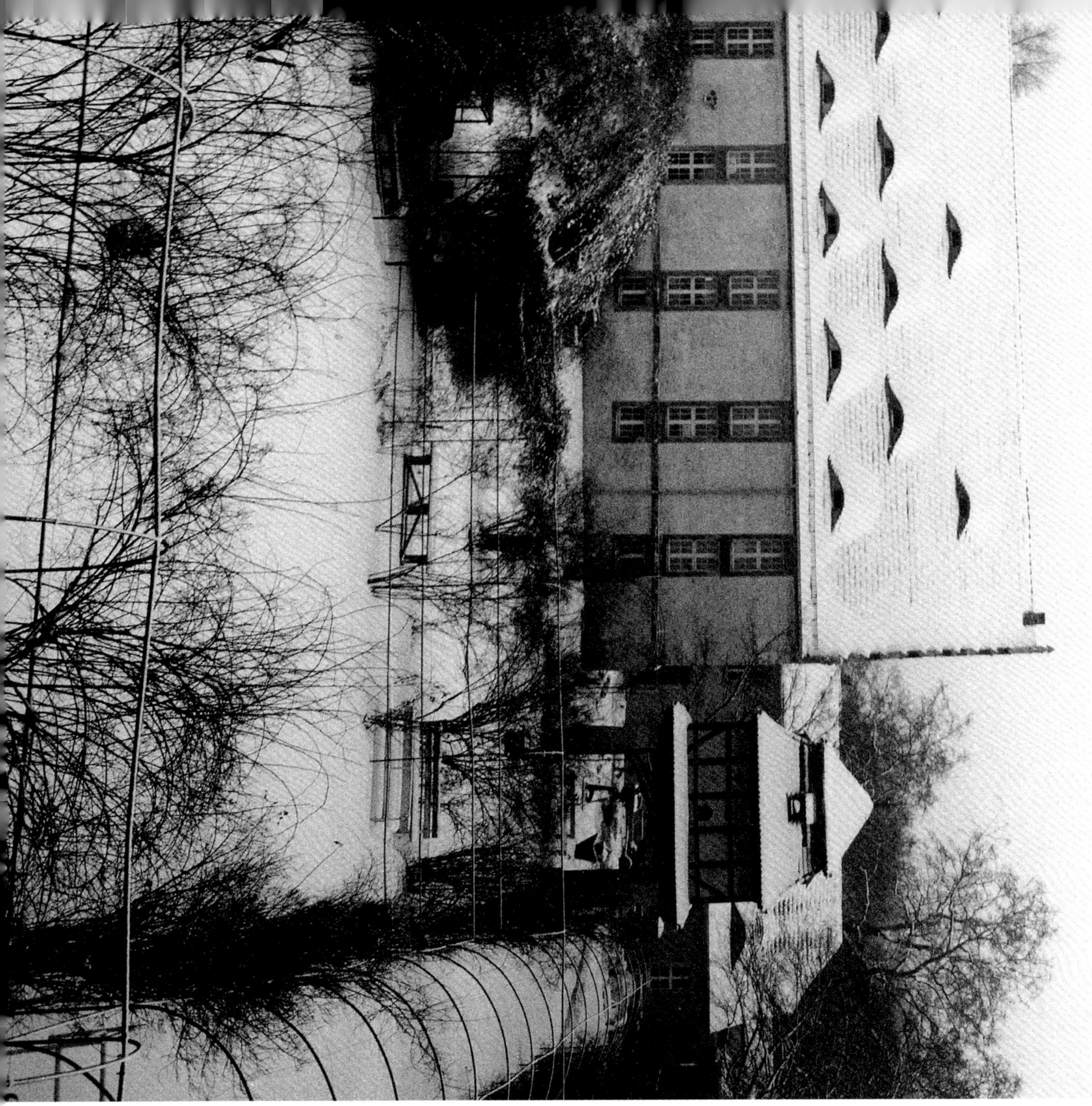

Unterburg Giebichenstein Halle – Innenhof der Burg, 1991
Unterburg Giebichenstein Halle – inner courtyard of the castle in 1991
Archiv der Burg Giebichenstein Kunsthochschule Halle

EINBLICK INS GANZE

Ellen Maurer Zilioli

Ausschnitte aus einem Ganzen. Einblicke in übergreifende Systeme. So wirken die Arbeiten von Silke Trekel generell.

Dies gilt für die *Faltungen* und *Bewegten Bilder* der letzten Jahre ebenso wie für die Emailarbeiten davor und frühe Objekte aus Balsaholz. Sie alle repräsentieren im Exzerpt eine Welt von Strukturen, die von Trekel entdeckt und „gelesen" werden, die, ästhetisch interpretiert, in den Kontext des Schmucks hineinwachsen und mit ihm zusammen die Idee einer möglichen Fortsetzung, einer offenen Konzeption, einer die Dinge verbindenden Spur suggerieren.

Reihung und Variation, Verkoppelung von Fläche und Linearität, Rhythmisierung in geordneter Abfolge – inklusive kalkulierter Unregelmäßigkeiten, Sprünge und Asymmetrien – bestimmen durchgehend die Regie. Die Materie führt einen zusätzlichen Diskurs ein. Sie wird von Trekel bewusst gewählt. Ihr entspringt oft der formgebende Impuls: „Form follows material"[1]. Eine differenzierte Materialsammlung gehört dazu, deren Inhalt durch den Transfer in den Schmuck erst die gewollte Anreicherung erfährt.

1997 absolviert die 1969 in Rostock geborene Künstlerin ihr Diplom bei Dorothea Prühl an der Burg Giebichenstein in Halle. Davor liegen Tätigkeiten in der Schmuckindustrie (zum Beispiel in der Kettenfertigung), ein Abendstudium (Zeichnung und Illustration) an der Hochschule für Grafik und Buchkunst in Leipzig sowie ein Kurs beim Maler und Grafiker Martin Schmidt in Halle. Was während dieser Etappen im Gespann von Naturstudium, Artefakt und manufaktureller Produktion reift, findet in der Begegnung mit Japan 2015, dem „Reich der Zeichen"[2], die Trekel ins Mark trifft, signifikante Vertiefung und Bestätigung.

Eine feingestrichelte Zeichnung, Schraffuren, die sich bewegten, ineinanderdrehten. Grauer Asphalt überall, bedrückende Leere. Ein Bahnsteig, ein Gitter. Unmengen wirbelnder Kiefernnadeln.[3]

Natur und Asphalt verlieren ihre Schärfe, verschleifen in einem diffusen Raum von Gesten und Zeichen, von Vergangenheit und Gegenwart. So schildert Marion Poschmann eine Reise durch Japan in ihrem Roman *Die Kieferninseln*. Mehrdeutigkeiten, Zwischentöne, Berührung von westlicher Logik und östlicher Imagination münden nun bei Trekel in einer spezifischen Synthese, welche sich vor allem in ihren jüngsten Statements im Schmuck niederschlägt, aber letztlich durchweg beobachtet werden kann.

Die ‚Burg', „weniger eine Schule im üblichen Sinne, eher eine Art zu leben und sich zu entwickeln"[4], mit ihrer besonderen Mischung aus handwerklicher Bindung und stilisierender Naturtreue in Tradition und Lehre, dürfte zunächst den Ausgangspunkt bilden. Doch Trekel orientiert sich weniger an der organischen Realität, weniger an der „gewachsenen Natur", wie von Prühl deklariert[5], sondern fokussiert sukzessive auf Phänomene, deren Akzent auf urbanen, industriellen, konstruktiven Anregungen liegt, gepaart mit solchen pflanzlicher, organischer, kunsthandwerklicher, literarischer oder musikalischer Provenienz. Trekel pflegt den professionellen Transfer, ein manuelles und ideelles Cross-Over, das sich aus divergenten Quellen, aus deren Verknüpfung – oft im wahrsten Sinne des Wortes,

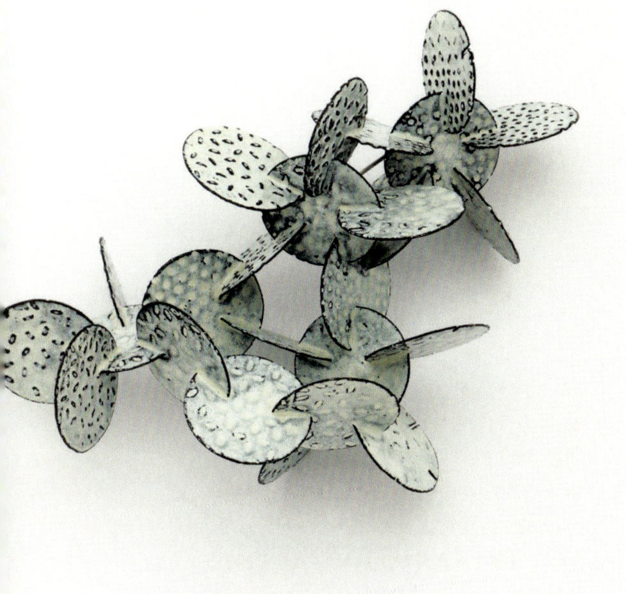

Verzweigung / Branching Out
Brosche / brooch, 2010, Eisen, Email / iron, enamel
78 x 58 x 42 mm

wie wir sehen werden – speist. Dergleichen scheint bei den frühen Stücken noch fern. Doch bahnen sich Methode und Bauart an. *Ornament als Prinzip* (s. S. 26–27) – so der programmatische Titel eines Halsschmucks aus Balsaholz von 1997. Er demonstriert geometrische Strenge in der Positionierung und Sequenz der kissenartigen Glieder, Dynamik und Kompaktheit in ihrer Anordnung und Neigung. Ein papierener Überzug, selbst wiederum von einem Netz feiner gezeichneter Schraffuren bedeckt, umhüllt sie wie eine zweite Haut.

Erneut greift der *Weg* (s. S. 29) von 2002 diese Logik von Regel und Irregularität auf. Trapezförmige Sockelelemente gestalten, über ein schmales Filzband auf der Rückseite gespannt, ein quadratisch-stereometrisch angelegtes Collier. Letztlich eine schlichte Angelegenheit, durch die raffinierte Drehung der Vierecke jedoch entfaltet sich ein Szenarium von Nuancen, von Schattierungen und Farbakzenten.

Überlegungen zu Prinzip und Bruch, zu planvoller Handlung contra Richtungswechsel, zu Ornament contra Verfremdung oder besser: zu Verankerung in Konstruktion und Dekonstruktion dieser Aspekte besitzen für Trekel essentielles Gewicht. Sie dienen als Gerüst, wenn nicht als Rückgrat ihrer Arbeit. Nicht zufällig also fasst sie einen folgenden Zyklus unter *Gleichmaß und Irritation* (s. S. 37–51) zusammen, welcher zugleich eine eklatante Steigerung in Komplexität und räumlicher Wirkung erreicht.

In dünnem Eisenblech (anfänglich Silber), ziselierte und emaillierte Broschen, Arm- und Halsschmucke variieren klassische Motive, zum Beispiel die floral anmutende Gliederkette. Daneben verzahnen sich kreisrunde Module zu skulpturalen Raumfiguren. Polygonal gesteckte Scheiben, vielleicht ferne Zitate nach Hermann Glöckners (1889, Cotta bei Dresden – 1987, Berlin) bildhauerischen Arbeiten mit gekoppelten Disken und Faltungen (von Trekel gekannt und geschätzt), ergänzen sich zu molekularen Gebilden, bei Broschen gehäuft, beim Collier gestreut oder zu fließenden Kolonnen gereiht. Einen eher technoid geprägten Duktus bringen lochartig gestanzte Zylinder und Röhren ein, locker durch Ösen verbunden. Verschränkung, Schichtung, eine Architektur von Durchblicken und Überschneidungen, von Auslassungen und schablonenhaften Zuschnitten vereinen sich im Chor zu konsequenter, plastischer Syntax. Ein Teppich an Chiffren und Zeichen übersät die Oberflächen. Schmal, breit, knochig, gebogen, versetzt, quasi verwoben, so ihre einzelnen Ingredienzen – eine beachtliche Bandbreite von Kompositionen wird in dieser Werkgruppe konjugiert. Sie kennt eigentlich kein exaktes Ende. Trekel erwirbt sich damit ein Vokabular, das, im Werk eingebettet, weiterwächst und sich verästelt, in der sich wandelnden und wandernden Perspektive ihrer Arbeit. Darin liegt die „Seele" ihres Schmucks.

Seit 2007, anlässlich eines Stipendiums im Porzellanwerk Hermsdorf, widmet sich Trekel dem Porzellan. Stets haftet der organische Aspekt ihrer künstlerischen Recherche, wie er hier erneut in der Wabenstruktur, im Material selbst inhärent gegeben ist, am scheinbaren, semi-maschinellen Kontrahenten. Bei Trekel geht das reibungslos zusammen. Ästhetische Potenz und Poesie stecken in beiden Bereichen. Sie werden von Trekel in ihren Formfindungen expressiv genutzt. So manipuliert sie durch Drücken und Drehen die originären Raster der gepressten Porzellanmasse im feuchten Zustand, manövriert geschickt das visuelle Bild in ihrem Sinne, um Dehnungen, Quetschungen, wellige Bewegung zu provozieren, ihren eigenen „individuellen Gestus"[6] wie eine Handschrift zu hinterlassen – eine höchst diffizile Prozedur,

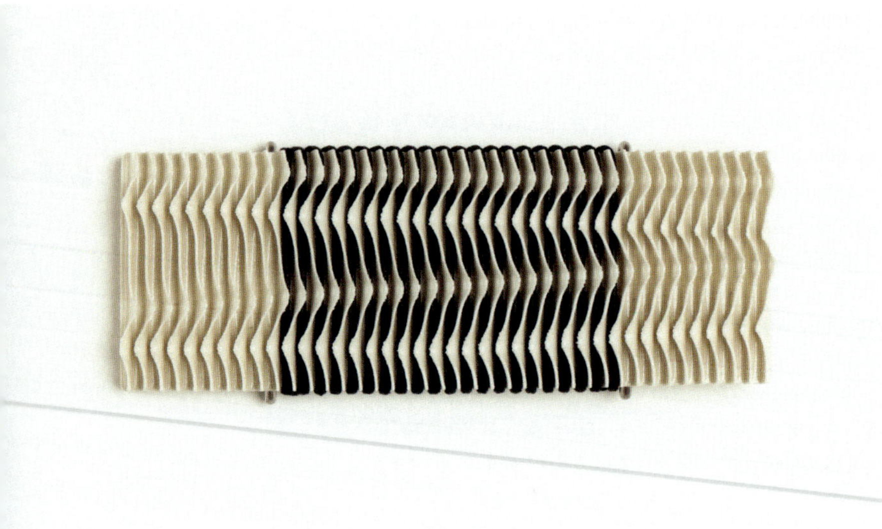

Fischgrat / Herringbone
Brosche / brooch, 2016, Porzellan, Silber, Schnur / porcelain, silver, thread
100 x 37 x 7 mm

denn Poren dürfen sich nicht schließen, Glasuren und diverse Brände müssen durchgeführt werden.[7] Einen wesentlichen Beitrag zur Schmuck-Transformation leisten eigenwillige Applikationen, wenn Broschen etwa mit versenkten Hämatitperlen bestickt werden oder bekrönt mit naturbelassenem Pyrit, von Textilbüscheln garniert, von gewachsten Schnüren durchwoben, die frei aus dem Objekt pendeln oder die Bestandteile eines Halsschmucks miteinander verbinden, diese im übertragenen Sinne quasi „vernähen". Schlitze, Waben, Perforierung, Vertiefung und Überlappung orchestrieren diese Trekelsche Variante von „optical art" im Schmuck.

Ein Aufenthalt im Rahmen des ISCP [8] in New York 2010 wird von Trekel in gewisser Weise als Forschungsprojekt umgemünzt. Aus Ermangelung an Werkstoff und Arbeitsmöglichkeiten greift Trekel auf billige Gummibänder aus dem 99 Cent-Shop zurück. Faden und Struktur camouflieren nun in frappierend saloppen Halsketten, ganz Schlingen und Schlaufen. Auch wenn dies vielleicht nur eine Episode sein könnte, immerhin: Trekel hat kürzlich eine sich darauf beziehende Gruppe aus PVC realisiert. Es ist also durchaus legitim, von einem kontinuierlichen argumentativen Strang, der sich wieder und wieder ver- und entwickelt, zu sprechen. Er taucht stets in innovativer Reinkarnation auf, er verbandelt und verquickt den ästhetischen Konnex, er geleitet uns durch das Werk.

Nach Japan, 2015, kleidet sich dieser materielle „Gedanke" in Titan und Porzellan. Trekel trifft klare, knappe Aussagen im Schmuck. Kurz und bündig beschreiben umgeschlagene, gekurvte und scheinbar unvermittelt sich in den Raum schiebende Formationen (zum Beispiel beim Halsschmuck *Farn* oder *Serpentina* von 2019, s. S. 91 und 93), eine ästhetische Vision, die mit der Lektüre Roland Barthes zum „Reich der Zeichen" korrespondiert, wenn er etwa den grafischen Charakter von Objekten und Gesten, von Falten, Knoten, Stofflichkeit beschwört oder die Leere, den Zwischenraum als aussagekräftige Größe hervorhebt.[9] Für Barthes gipfeln diese Qualitäten in der Schrift, in der Poesie, im Haiku, „dessen Kürze Vollkommenheit und deren Schlichtheit Tiefe" garantiert, der nichts sagen will und doch „offen für den Sinn ist" [10], dessen Gabe darin liegt, „die Sprache in der Schwebe zu halten".[11] Natürlich könnten wir uns auch auf die gedämpfte Tonigkeit, das *Lob des Schattens* von Tanizaki Jun'ichirō berufen.[12] Titan und Porzellan bieten ja per natura diese verhaltene Farbpalette, die von Trekel gezielt in die Komposition, in die Gliederung ihrer Arbeiten einbezogen wird.

Barthes spricht auch von einer „Organisation des Raumes" [13]. Er scheint damit dem Schmuck von Trekel ganz nahe zu stehen, die mit den Komponenten ihrer „Systeme" Aphorismen auf das Universelle, das Ganze skizziert. Materie, Leere, Haptik bedingen sich gegenseitig und agieren im Einklang. Denken wir an die *Bewegten Bilder* (s. S. 76–77). In der gedrückten Riffelung viereckiger Porzellanbroschen ziehen rote oder schwarze Fäden ihre Bahn und evozieren lineare Muster, Verschattung und Reflex. Bei anderen wiederum manipuliert Trekel die Regelmäßigkeit des Rasters manuell, verfolgt durch Aufglasurfarbe subtil die Oberkanten, potenziert damit den grafischen Schliff des Materials und intensiviert die illusionistische Qualität, denn man meint auf den ersten Blick zusätzliche Schichten, gar ein plastisches Relief auszumachen. In Wirklichkeit handelt es sich um eine optische Täuschung im Hell und Dunkel der Faktoren.

Trekels Arbeit zeichnet sich durch diese geschickte, doppelte Spiegelung von einerseits technoider Adaption und andererseits kunsthandwerklich verwurzelter manueller Geschicklichkeit aus. Das textile Motiv spielt dabei eine vermittelnde Rolle. Auch Titan wird textil aufgefasst und gelegt, vernäht, durch Knicke und Kehren gedreht und gewendet. Dahinter steckt ein konsequentes Drehbuch.

Trekel hat sich von Anfang an zum Prinzip „Ornament als Gestaltungsmittel" bekannt, weniger als traditionelle Rückkoppelung, sondern vielmehr im Sinne eines „Modus", einer Darstellungsorganisation und damit einer Instanz, die Verhältnisse regelt zwischen Naturbezug und Abstraktion.[14] Nicht zufällig führen Linie, Welle, Faden, Faltung das Zepter. Die Welle wurde von Symbolismus und Jugendstil als Indiz des kosmischen „unendlichen Gewebes" interpretiert (übrigens angeregt durch japanische Holzschnitte[15]), die Falte als raumbildende Kraft von Gilles Deleuze 1988 zu einer „universalen Metapher" des „nichtlinearen Denkens" deklariert.[16] Das textile Moment, ein prominentes hybrides Instrument und Urform aller künstlerischer Äußerungen[17], dient dabei der symbolischen Verknüpfung. Es spannt Brücken zwischen Gattungen und Disziplinen. Arabeske, Schlaufe, Kontur verwandeln sich unter solchen Vorzeichen in kulturelle Vehikel, die Lebensprozess, Naturerfahrung, Wirklichkeitsaneignung versinnbildlichen können. Trekels Arbeit ist tief verankert in dieser Vernetzung, in diesem Erbe. Darauf wirft dieser Schmuck ein Licht, ausschnitthaft und selektiv, die Chiffre eines sehr viel umfassenderen Geschehens. So sollte Schmuck von Trekel rezipiert und entschlüsselt werden.

**Ich sehe nicht, was ist,
und nicht, was nicht ist,
sondern was immer ist,
und danach webe ich.**[18]

---

1 Markus Brüderlin, zit. n. Uta Ruhkamp, „Einführung". In: Markus Brüderlin, *Ausgewählte Texte. Auf der Suche nach der Moderne im 21. Jahrhundert.* Hrsg. v. Kunstmuseum Wolfsburg. Köln 2014, S. 4–17, S. 14.
2 Roland Barthes, *Das Reich der Zeichen.* Aus dem Franz. v. Michael Bischoff. Frankfurt / M. (21. Aufl.) 2019.
3 Marion Poschmann, *Die Kieferninseln.* Roman. Berlin 2017, S. 37.
4 Andrea Richter, „Die hallesche Schule". In: *Schmuck. Burg Giebichenstein 1970–1992.* Ausst.-Kat. Grassimuseum Leipzig, Kreismuseum Zons – Burg Friedestrom, Deutsches Goldschmiedehaus Hanau, Stuttgart 1992, S. 10–15, S. 10. Richter notiert dies für die Zeit unter Thiersch, aber es ist der Burg geblieben und bis heute eigentlich bewahrt.
5 Ebd., S. 48.
6 Sabine Epple, „Gleichmaß und Irritation". In: *Silke Trekel. Schmuck und Objekte.* Ausst.- Kat. Anlässlich ihres Aufenthaltes am ISCP New York. 2010, S. 13–16, hier S. 14.
7 Vgl. *Durchbrüche. Schmuck und Gefäß aus Porzellan. Arbeiten von Silke Trekel und Sylvia Kögler.* Kat. Ausst. Stadtmuseum Halle. 2014.
8 International Studio and Curatorial Programm, New York, in einer alten Fabrik in Brooklyn.
9 Barthes, *Das Reich der Zeichen,* 2019.
10 Ebd., S. 94/95.
11 Ebd., S. 99.
12 Tanizaki Jun'ichirō, *Lob des Schattens. Entwurf einer japanischen Ästhetik.* Übers. v. Eduard Klopfenstein. Zürich 1987.
13 Barthes, *Das Reich der Zeichen,* 2019, S. 147.
14 Vgl. dazu Vera Beyer und Christian Spies, „Einleitung. Ornamente und ornamentale Modi des Bildes". In: dies. (Hrsg.), *Ornament. Motiv – Modus – Bild.* Paderborn 2012, S. 13–21, S. 14ff.
15 Wolfdietrich Rasch, „Fläche, Welle, Ornament: zur Deutung der nachimpressionistischen Malerei des Jugendstils". In: *Festschrift Werner Hager.* Hrsg. v. Günther Fiensch und Max Imdahl. Recklinghausen 1966, S. 136–160, S. 145f.
16 Gilles Deleuze, *Die Falte. Leibniz und der Barock.* Frankfurt am Main 2001; zit. n. Markus Brüderlin, „Zur Ausstellung – Die Geburt der Abstraktion aus dem Geiste des Textilen und die Eroberung des Stoff-Raumes". In: Brüderlin, *Ausgewählte Texte,* 2014, S. 310–353, S. 322.
17 Ebd., S. 310.
18 Hugo von Hofmannsthal, *Frau ohne Schatten* (1919). In: *Erzählungen.* Frankfurt/ M. 1953, S. 307, hier zit. n. Rasch, „Fläche, Welle, Ornament", S. 158.

A GLIMPSE OF THE WHOLE

Ellen Maurer Zilioli

Segments of a whole. Insights into overarching systems. This is the general impact made by Silke Trekel's works.

This is just as true of the *Faltungen* [Foldings] and the *Bewegte Bilder* [Moving Pictures] of recent years as it was for her earlier work in enamel and early objects made of balsa wood. They are all excerpted from a world of structures as discovered and 'read' by Trekel. Interpreted from the aesthetic standpoint, they grow into the context of jewellery to suggest, together with it, the idea of a possible continuation, an open conception, a track linking things.

Juxtaposition and variation, interlinking of surface and linearity, rhythmicisation in orderly sequence – including calculated irregularities, flaws and asymmetries – consistently determine the direction. The material, deliberately chosen by Trekel, introduces an additional discourse. From it often stems the idea for the design: 'form follows material'.[1] A sophisticated collection of materials is part of this approach, its content undergoing the desired enhancement only by being transferred to jewellery.

Born in Rostock in 1969, the artist took her diploma at Burg Giebichenstein in Halle, where she studied with Dorothea Prühl, in 1997. Before graduation, she worked in the jewellery industry (making chains, for instance) and attended night classes (in drawing and illustration) at the Hochschule für Grafik und Buchkunst [Institute of Graphic and Book Design] in Leipzig and, for good measure, a course taught in Halle by Martin Schmidt, a painter and printmaker. What matured in these stages along with studies from nature, artefacts and manufactured products was significantly deepened and consolidated in an encounter in 2015 with Japan, the 'Empire of Signs',[2] which was a formative experience for Trekel.

A wispily dashed-out sketch, roving hatchings that turned in on themselves. Grey asphalt everywhere, oppressive void. A train platform, a fence. An abundance of eddying pine needles.[3]

Nature and asphalt lose their sharp edges, are ground down in a diffuse space consisting of gestures and signs, past and present. This is how Marion Poschmann describes a trip through Japan in her novel *The Pine Islands*. Polysemies, subtle shading, the contact between Western logic and Eastern imagination culminates in Trekel's work in a specific synthesis, which is distilled into jewellery, above all in her most recent statements, but can ultimately be observed throughout her work.

The 'Burg', 'not so much a school in the usual meaning of the term as a way of living and developing',[4] with its inimitable blend of links with craftsmanship and stylised faithfulness to nature in tradition and teaching, would represent the first point of departure. Trekel, however, is not so much orientated to organic reality, to the 'grown nature', which Prühl professes[5] but focuses instead on phenomena where the emphasis is on urban, industrial and constructive impulses, coupled with ones of vegetal, organic, crafts-orientated, literary or musical provenance. Trekel practises a professional transference, a manual and ideal crossover that is fed – often in the literal sense of the word, as we will see – by diverse wellsprings. Anything of that kind still seems at a far remove in her early pieces. Nonetheless, method and structure are anticipated.

Ornament als Prinzip [Ornament as Principle] (see pp. 26–27) – thus the agenda stated explicitly in the title of a 1997 necklace made of balsa wood. It demonstrates stringent geometry in the positioning and sequencing of the pillowy links, dynamism and compactness in their arrangement and tilt. A paper casing, which is in turn covered in a mesh of finely drawn hatchings, clothes it like a second skin.

Weg [Way] (see p. 29) from 2002 takes up the logic of regularity and irregularity again. Stretched over a narrow felt ribbon on the reverse, trapezoidal base elements form a short necklace that is square, structured as a geometric solid. Ultimately, a simple matter, yet the sophisticated twist to the squares unfolds a scenario of nuances, shadings and touches of colour.

Thinking about principle and infringement, concerted action versus changing direction, ornament versus defamiliarisation, or rather about anchoring this thinking in construction and deconstruction possesses existential weight for Trekel. It serves as the framework, if not the backbone, of her work. It is not by change that she has subsumed a subsequent cycle, which attained a stunning intensification in terms of complexity and spatial impact, under the terms '*Gleichmaß und Irritation*' [Uniformity and Irritation] (see pp. 37–51). Worked in thin sheet steel (initially in silver), chased and enamelled brooches, arm and neck jewellery, such as a necklace with links evocative of flowers, are variations on classic motifs. Next to it circular modules interlock to form sculptural spatial figurations. Discs set in polygons, perhaps quoting at a far remove Hermann Glöckner's (1889 Cotta near Dresden –1987 Berlin) work in sculpture with linked discs and folds (which Trekel knows and appreciates), complement each other to form molecular configurations, massed in brooches, scattered in the short necklace or juxtaposed in fluid columns. Cylinders and tubes punched like holes and loosely linked by lugs introduce handling that is rather technoid in feel. Interlocking, layering, an architecture of apertures and overlapping, omissions and stencil-like cut-outs are united in a chorus of consistent, sculptural syntax. A carpet of ciphers and signs studs the surfaces. Narrow, broad, bony, bent, staggered, interwoven as it were, thus the individual constituents – an impressive range of compositions is conjugated in this group of works. It doesn't really have a precise end. With it Trekel has acquired a lexis that, embedded in her oeuvre, continues to grow and branch out, in the changing and roaming perspective of her work. Therein lies the 'soul' of her jewellery.

Since 2007, when she was the recipient of a grant to work at the Hermsdorf Porcelain Factory, Trekel has been devoting herself to porcelain. The organic aspect always informs her approach to aesthetic exploration, inherent in the material itself as it is here again in the honeycomb structure, in what is a seemingly semi-mechanical counterpart. In Trekel's work that fits seamlessly. Aesthetic potency and poetry are embedded in both areas. Trekel uses them expressively in her designs. She manipulates the original grid impressed in porcelain paste while it is still damp by pressing and turning it, skilfully manoeuvring its visual appearance as she wants it to be, in order to tease stretching, contusions, undulating movement from it, to leave her own 'individual gesture'[6] like a signature on it – an extremely tricky process because pores are not permitted to close, and glazes and various firings must be carried out.[7] Idiosyncratic applications make an essential contribution to jewellery transformation, for instance when brooches are studded with sunken haematite beads or crowned with pyrite left in its natural state, garnished with tufts of textile origin, interwoven with waxed cords that dangle freely from the object or link the elements of a piece of neck jewellery, in the metaphorical sense 'sewing' it together, as it were. Slits, honeycomb, perforation, indentation and overlapping orchestrate this variant of Op Art in jewellery, which is distinctively Trekel's.

In a certain sense Trekel turned time spent in New York in 2010 under the auspices of the ISCP[8] into a research project. Lacking material to work with and possibilities for working it, Trekel resorted to using cheap elastic bands

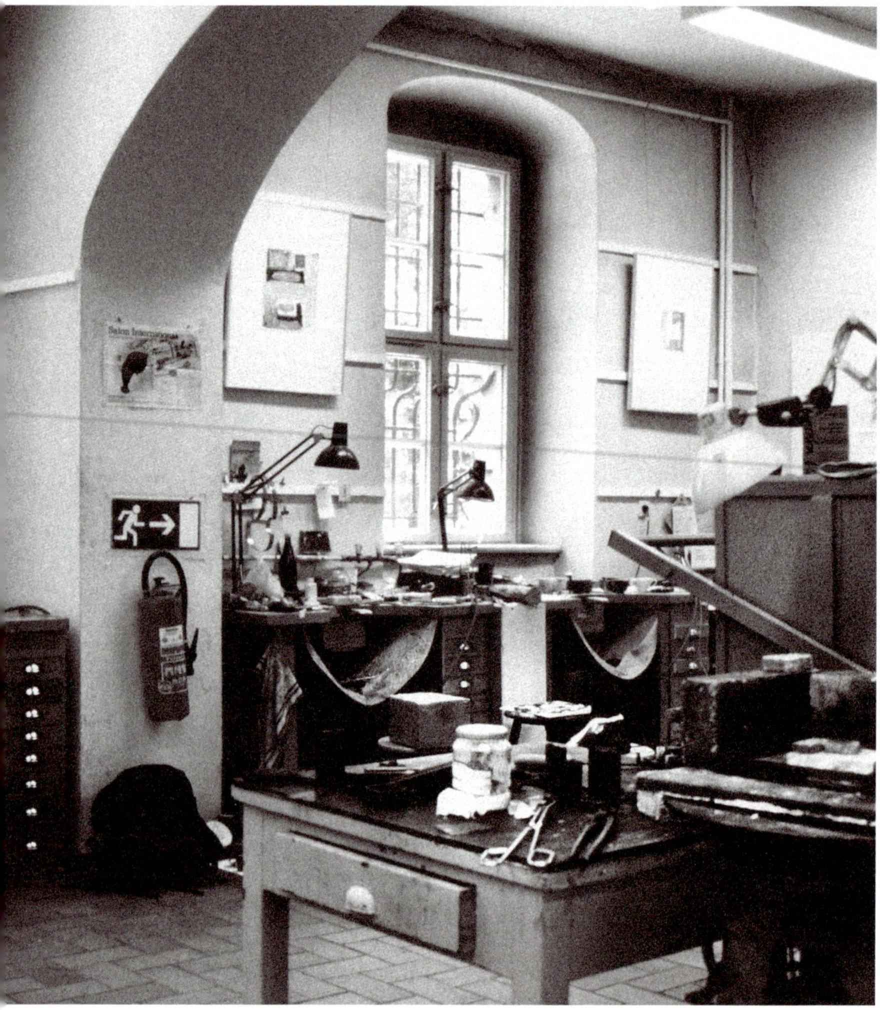

Unterburg Giebichenstein Halle – Schmuckwerkstatt 1997 / Jewellery Workshop in 1997

from a 99 Cents Only Store. Threads and texturing now camouflage stunningly casual necklaces, all nooses and loops. Even though this might have been no more than a brief episode, still Trekel has recently realised a group of works in PVC that refer to it. Speaking of a single, continuously argumentative strand that is constantly becoming entangled and developing is, therefore, definitely justified in this connection. It resurfaces, always in innovative reincarnations, to closely link and enliven the existing aesthetic nexus, guiding us through the work.

After Japan in 2015, this 'idea' of material is clothed in titanium and porcelain. Trekel makes clear, succinct statements in jewellery. Folded-over, curvilinear formations (for instance *Farn* [Fern], a piece of neck jewellery, or *Serpentina*, made in 2019, see pp. 91 and 93) that seem to abruptly intrude into space succinctly describe an aesthetic vision that corresponds to reading Roland Barthes's 'Empire of Signs', for instance when he invokes the graphic character of objects and gestures, of folds, knots and materiality or emphasises emptiness, interstitial space, as a powerfully expressive entity.[9] For Barthes these qualities are at their height in writing, poetry, and in the haiku, 'whose brevity would guarantee their perfection, whose simplicity would attest to their profundity', which 'means nothing' yet 'seems open to meaning',[10] whose task lies in 'a suspension of language'.[11] We can, of course, also invoke the muted tones of Tanizaki Jun'ichirō's *In Praise of Shadows*.[12] By their very nature titanium and porcelain provide that reticent palette that Trekel deliberately includes in the composition and articulation of her works.

Barthes also speaks of the 'organization of space'.[13] In this he seems to be very close to Trekel's jewellery, which, with the components of her 'systems', sketches aphorisms on the universal, the whole. Matter, emptiness, tactility are interdependent and act in unison. Think of *Bewegte Bilder* [Moving Pictures] (see pp. 76–77) Red or black threads run through the grooves imprinted on square porcelain brooches to evoke linear patterns, shading and reflections. On other pieces, Trekel has manually manipulated the regularity of the grid and subtly traced the upper edges in overglaze colour, thus reinforcing the graphic cut of the material and intensifying the illusionistic quality because, at first glance, viewers think they are spotting additional layers, even sculptural relief. In reality, this is an optical illusion produced by the light and dark factors.

Trekel's work is distinguished by this clever, double mirroring of, on the one hand, technoid adaption and, on the other, manual dexterity rooted in craftsmanship. The textile motif plays a mediating role in the process. Even titanium is handled and laid like textiles, sewn, turned by bending and reversing, and flipped over. This is based on a consistent script.

From the outset, Trekel has professed the principle of ornament as a vehicle for design, not so much in the traditional feedback sense but rather as a 'means' to organising representation and, therefore, an agency that regulates the relationship between what is related to nature and abstraction.[14] It is no coincidence that line, wave, thread are in charge here. The wave was interpreted by Symbolism and Jugendstil as an indication of the 'infinite fabric of the cosmos' (inspired, moreover, by Japanese woodcuts),[15] the fold as a space-forming force which Gilles Deleuze declared in 1988 a 'universal metaphor' for 'non-linear thinking'.[16] The textile aspect – a conspicuously hybrid vehicle and the primal form of all artistic statements[17] – serves as a symbolic link. It builds bridges between genres and disciplines. Arabesque, loop, contour are transformed under such auspices into cultural vehicles that can symbolise the life process, experience of nature, the appropriation of reality. Trekel's work is deeply anchored in this network, in this heritage. This jewellery sheds a light that is stencil-like and selective, a cipher for something far more comprehensive going on. This is how jewellery by Trekel should be responded to and decoded.

I see neither what exists, nor what does not exist, but what always exists, and I spin accordingly.[18]

1 Markus Brüderlin, quoted in Uta Ruhkamp, 'Einführung', in: Markus Brüderlin, *Ausgewählte Texte. Auf der Suche nach der Moderne im 21. Jahrhundert*, ed. Kunstmuseum Wolfsburg, Cologne 2014, pp. 4–17; p. 14.
2 Roland Barthes, 'The Empire of Signs', transl. Richard Howard, New York 1982.
3 Marion Poschmann, *The Pine Islands*, transl. Jen Calleja, Berlin 2019. Original German edition: *Die Kieferninseln*, Berlin 2017.
4 Andrea Richter, 'Die hallesche Schule', in: *Schmuck. Burg Giebichenstein 1970–1992*, exh. cat. Grassimuseum Leipzig, Kreismuseum Zons – Burg Friedestrom, Deutsches Goldschmiedehaus Hanau, Stuttgart 1992, pp. 10–15; p. 10. Richter notes this for the time when Thiersch was in charge, but it has remained true of the Burg and has in fact been retained to the present day.
5 Ibid., p. 48.
6 Sabine Epple, 'Gleichmaß und Irritation', in: *Silke Trekel. Schmuck und Objekte*, published on the occasion of Silke Trekel's tenure as Artist in Residence at the ISCP in New York. 2010, pp. 7–10; here p. 8.
7 See *Durchbrüche. Schmuck und Gefäß aus Porzellan. Arbeiten von Silke Trekel und Sylvia Kögler*, exh. cat. Stadtmuseum Halle. 2014.
8 International Studio and Curatorial Program, New York, housed in a former factory in Brooklyn.
9 See note 2.
10 Ibid., p. 69.
11 Ibid., p. 75.
12 Tanizaki Jun'ichirō, *In Praise of Shadows*, transl. by Thomas J. Harper and Edward Seidensticker, London 1991.
13 Barthes (see note 2), p. 107.
14 See on this Vera Beyer and Christian Spies, 'Einleitung. Ornamente und ornamentale Modi des Bildes', in: Vera Beyer and Christian Spies (eds.), *Ornament. Motiv – Modus – Bild*, Paderborn 2012, pp. 13–21; pp. 14 ff.
15 Wolfdietrich Rasch, 'Fläche, Welle, Ornament. Zur Deutung der nachimpressionistischen Malerei des Jugendstils', in: *Festschrift Werner Hager*, ed. Günther Fiensch and Max Imdahl, Recklinghausen 1966, pp. 136–160; pp. 145–146.
16 Gilles Deleuze, *Die Falte. Leibniz und der Barock*, Frankfurt am Main 2001, quoted in Markus Brüderlin, 'Zur Ausstellung. Die Geburt der Abstraktion aus dem Geiste des Textilen und die Eroberung des Stoff-Raumes', in: *Brüderlin 2014* (see note 1), pp. 310–353, p. 322.
17 Ibid., p. 310.
18 Hugo von Hofmannsthal, 'Frau ohne Schatten' (1919), in: Hugo von Hofmannsthal, *Erzählungen*, Frankfurt am Main 1953, p. 307; here quoted in Rasch 1966 (see note 15), p. 158.

Matsune Tōyōjō (1878–1964)

In the distance, mixed	**In Wogenkämme**
Among the billowing crests	**Gemischt, fliegt in der Ferne**
A sole plover flies	**Ein Regenpfeifer**

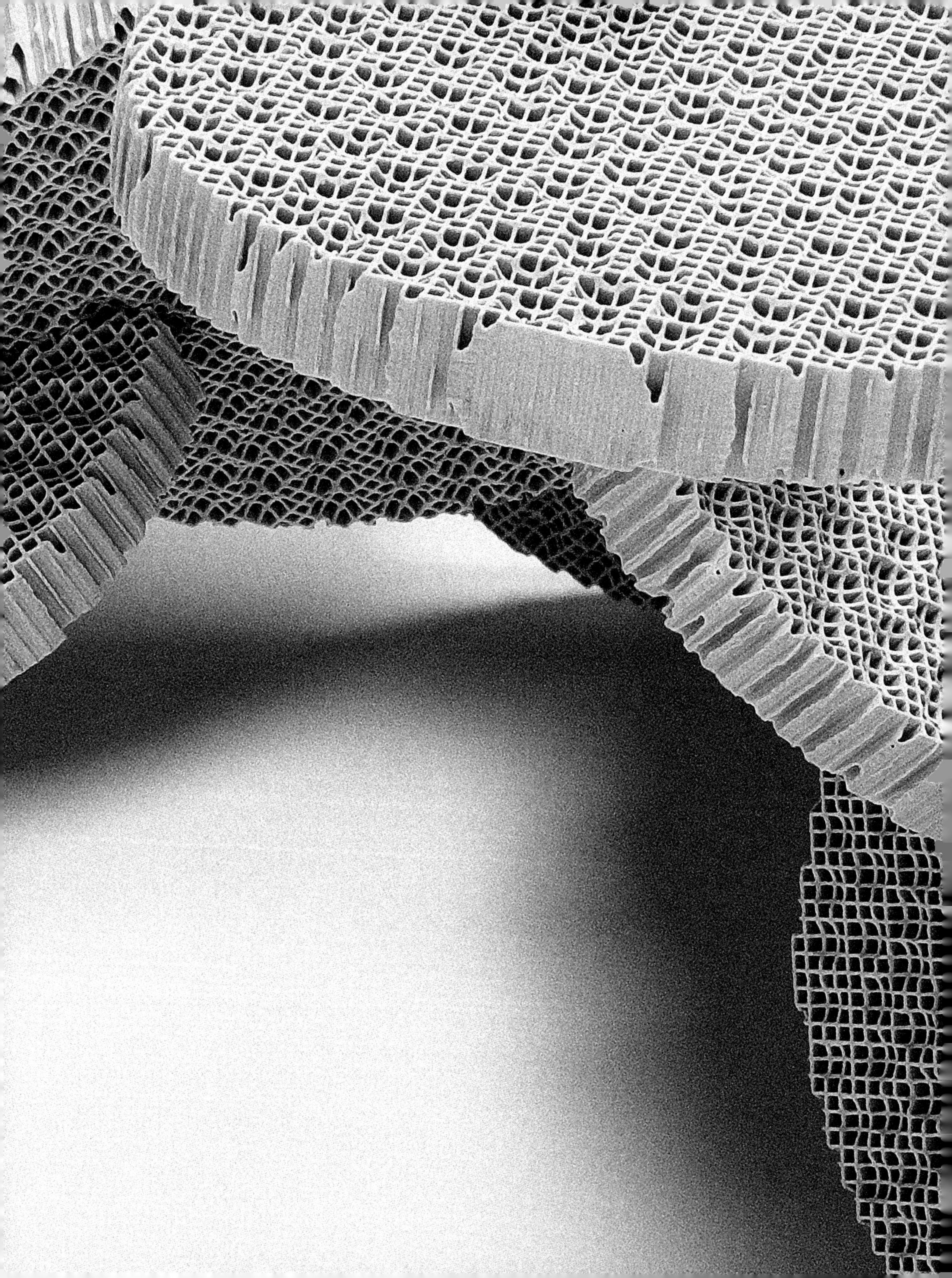

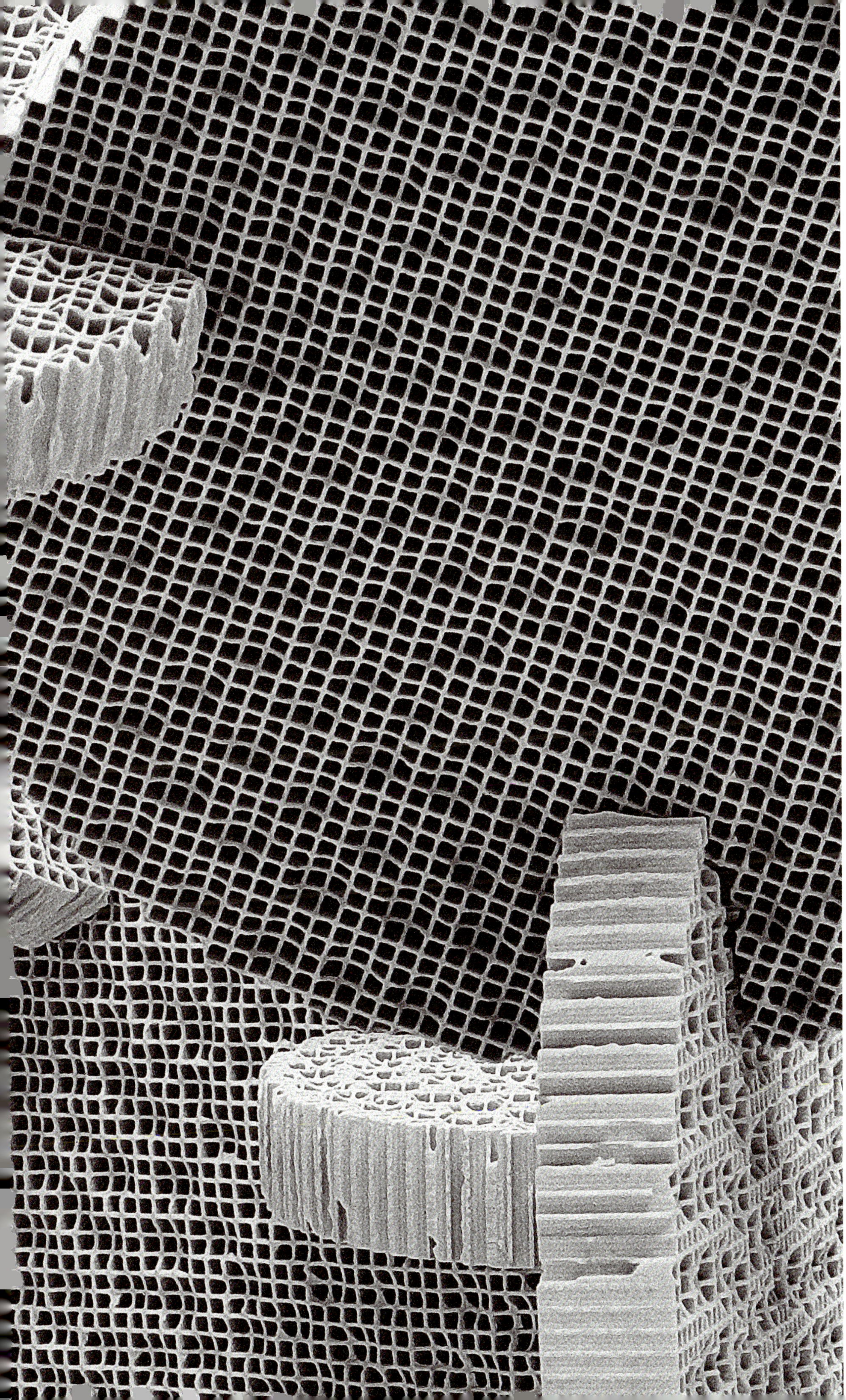

S. / pp. 22–23 **Module / Modules**
Plastik / sculpture (Detail / detail), 2007, Porzellan / porcelain
800 × 400 × 350 mm

West – Ost / West – East
Broschen / brooches, 1995, Neusilber, Silber, Blattgold, Folie / nickel silver, silver, gold leaf, foil
65 × 65 × 6 mm (rechte Seite, Brosche links / right page, left brooch)

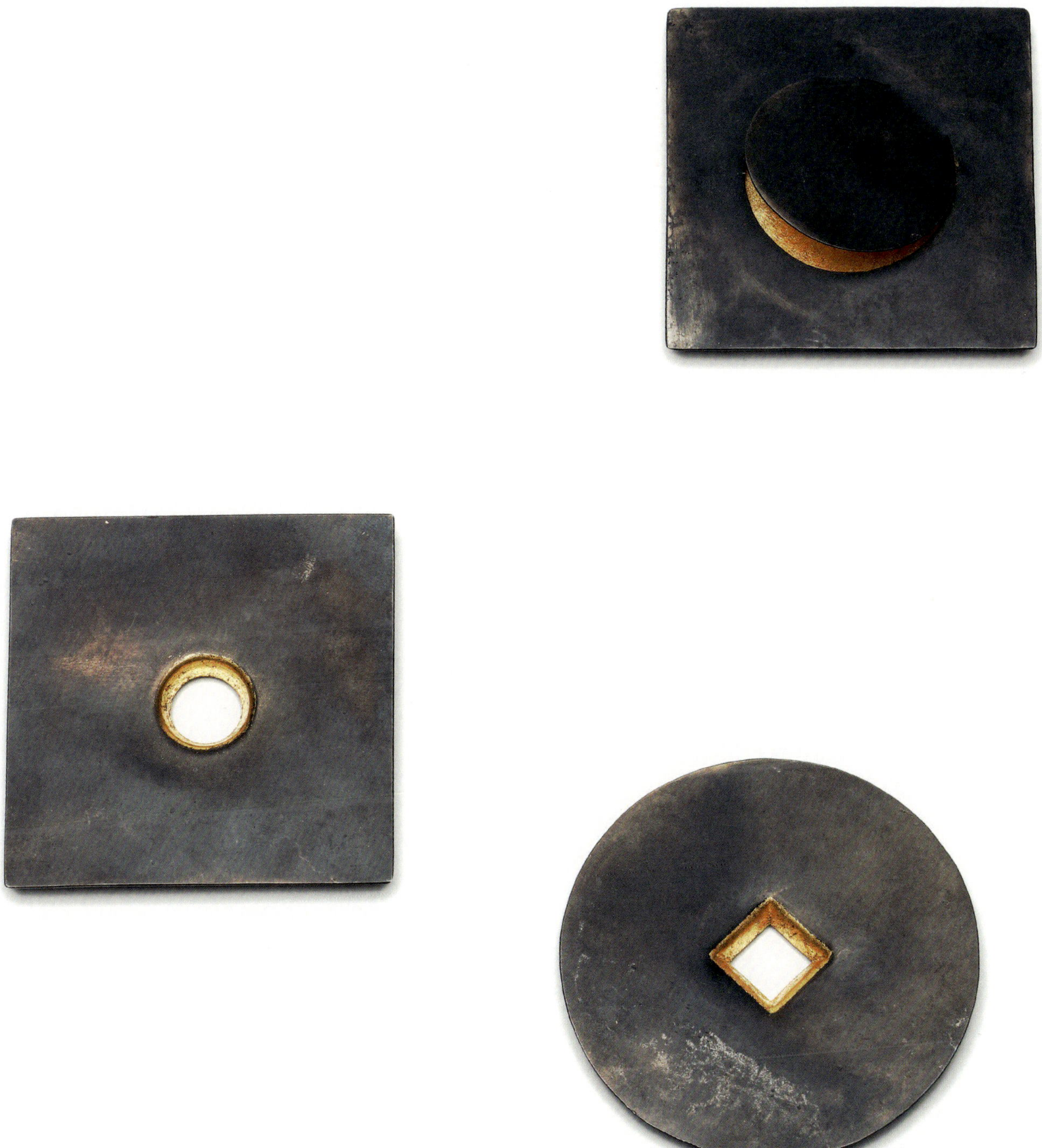

26 **Ornament als Prinzip** / Ornament as Principle
Halsschmuck / necklace, 1997, Balsaholz, Schnur / balsa wood, thread
300 × 190 × 55 mm

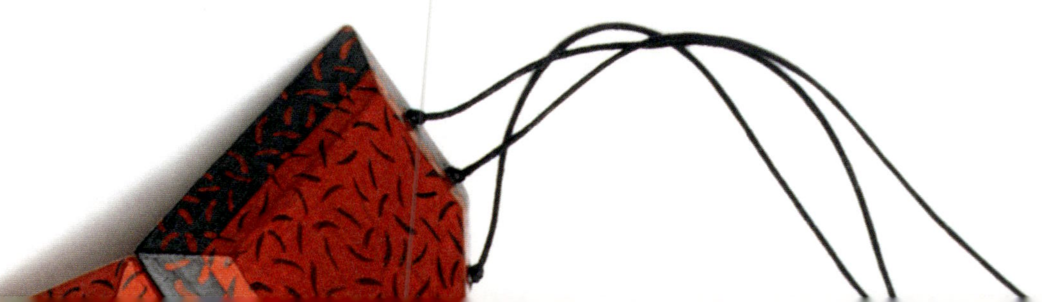

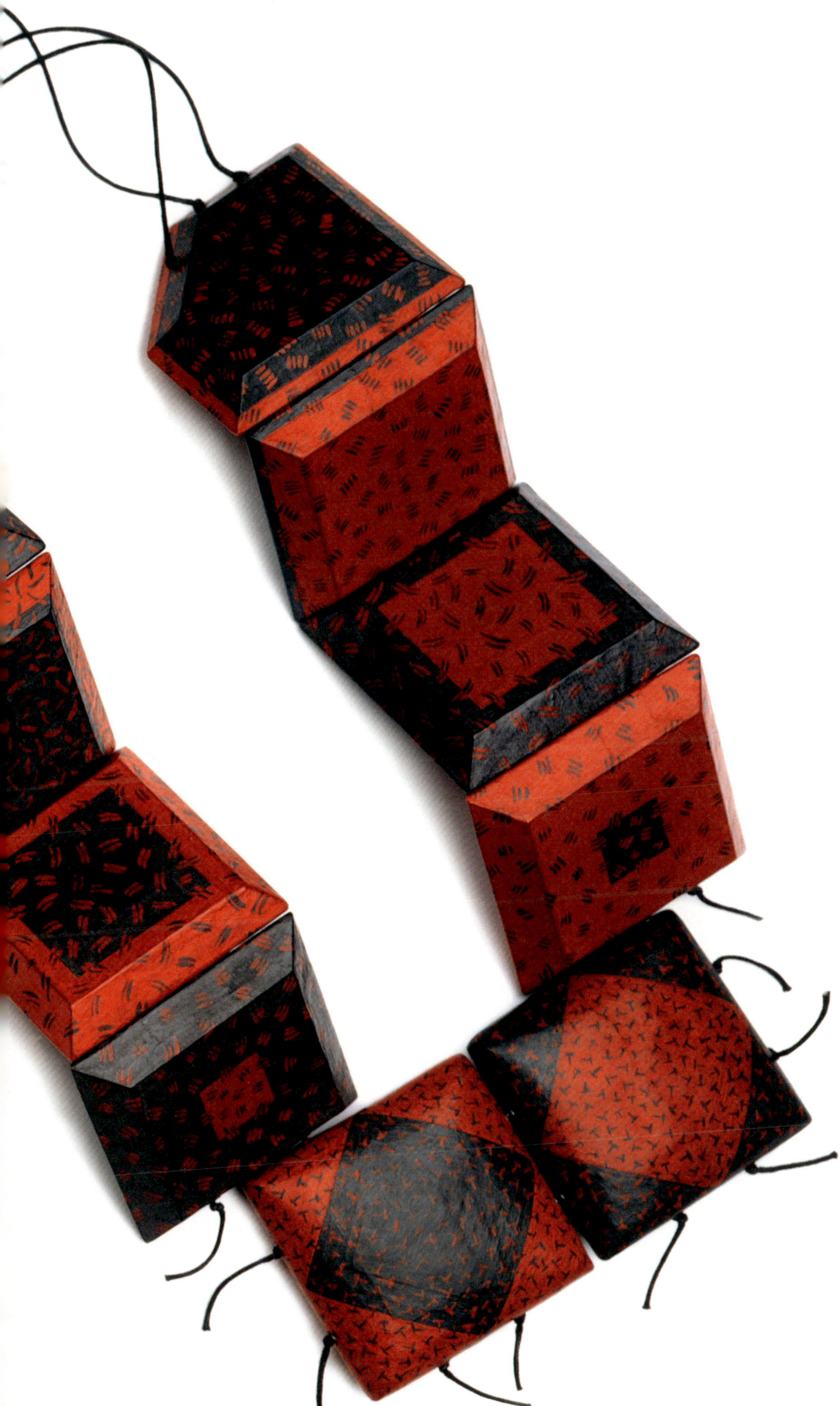

Tangram / Tangram
Armschmuck / bracelet, 2002, Balsaholz / balsa wood
110 × 110 × 58 mm

Weg / Way
Halsschmuck / necklace, 2002, Balsaholz, Silber, Filz / balsa wood, silver, felt
250 × 250 × 7 mm

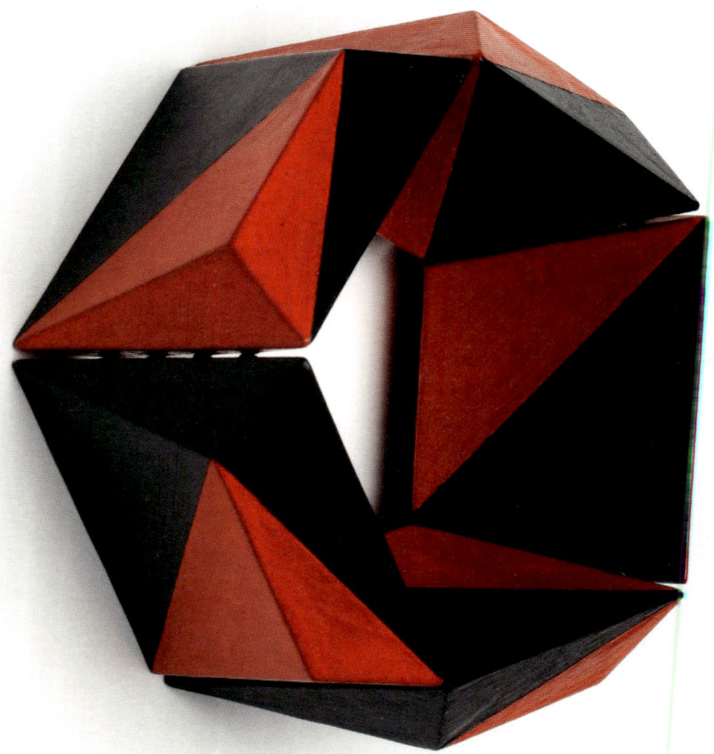

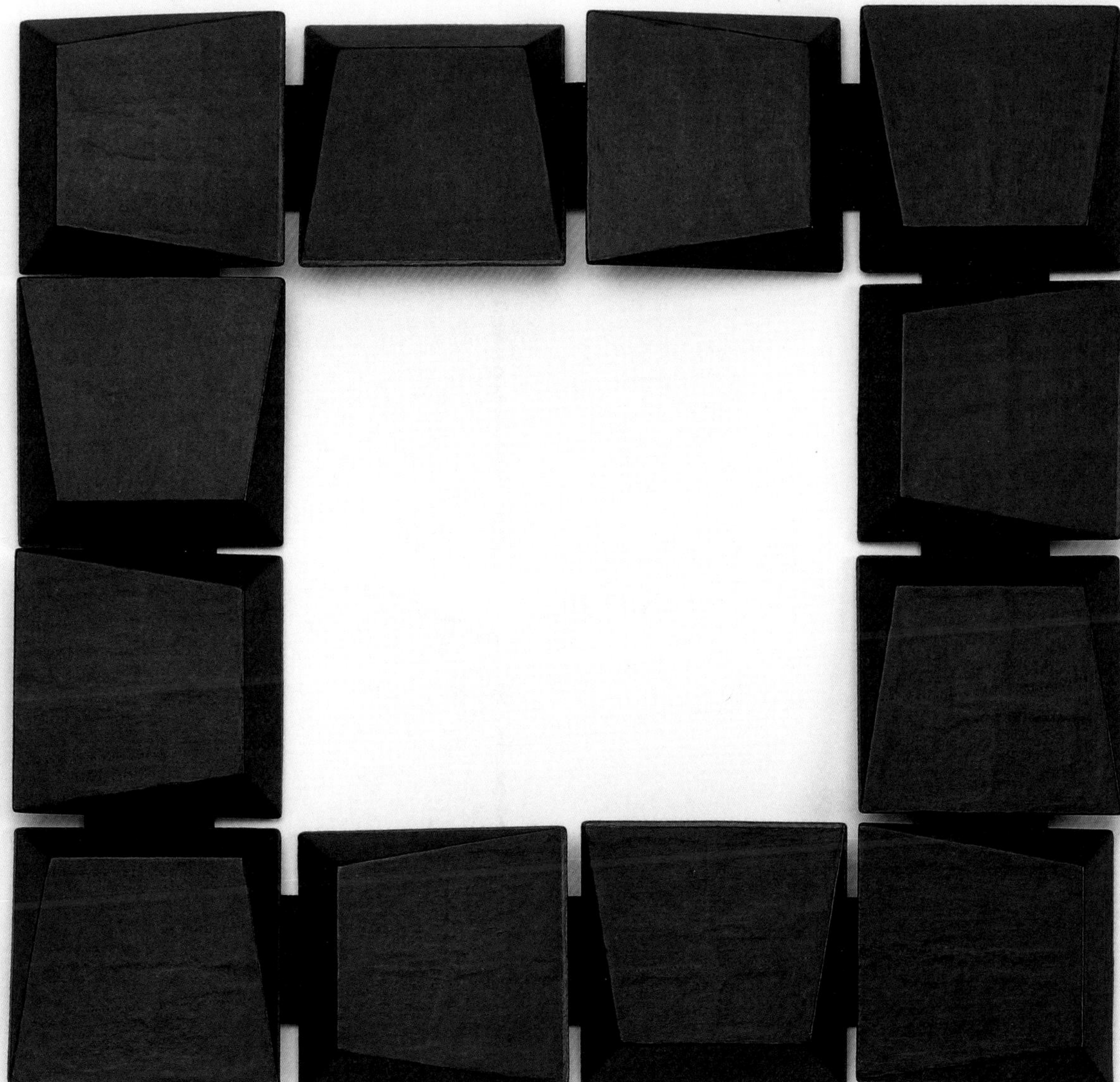

30

Schild / Shield
Brosche / brooch, 1998, Silber / silver
78 × 72 × 8 mm

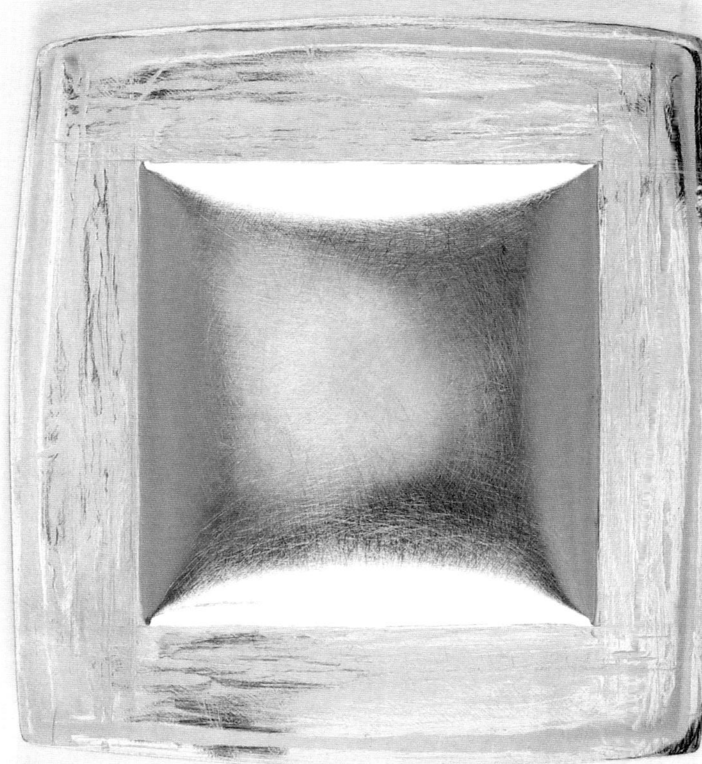

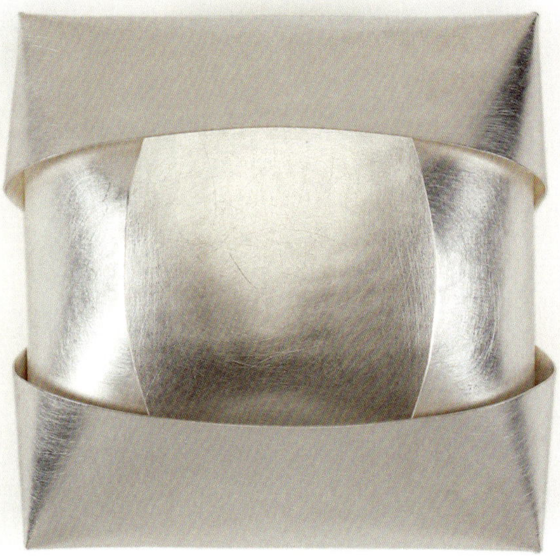

Kissen / Pillow
Brosche / brooch, 1998, Silber / silver
50 × 54 × 20 mm

32 **Kreis im Quadrat** / **Circle in a Square**
Halsschmuck / necklace, 2004, Silber / silver
220 × 220 × 30 mm

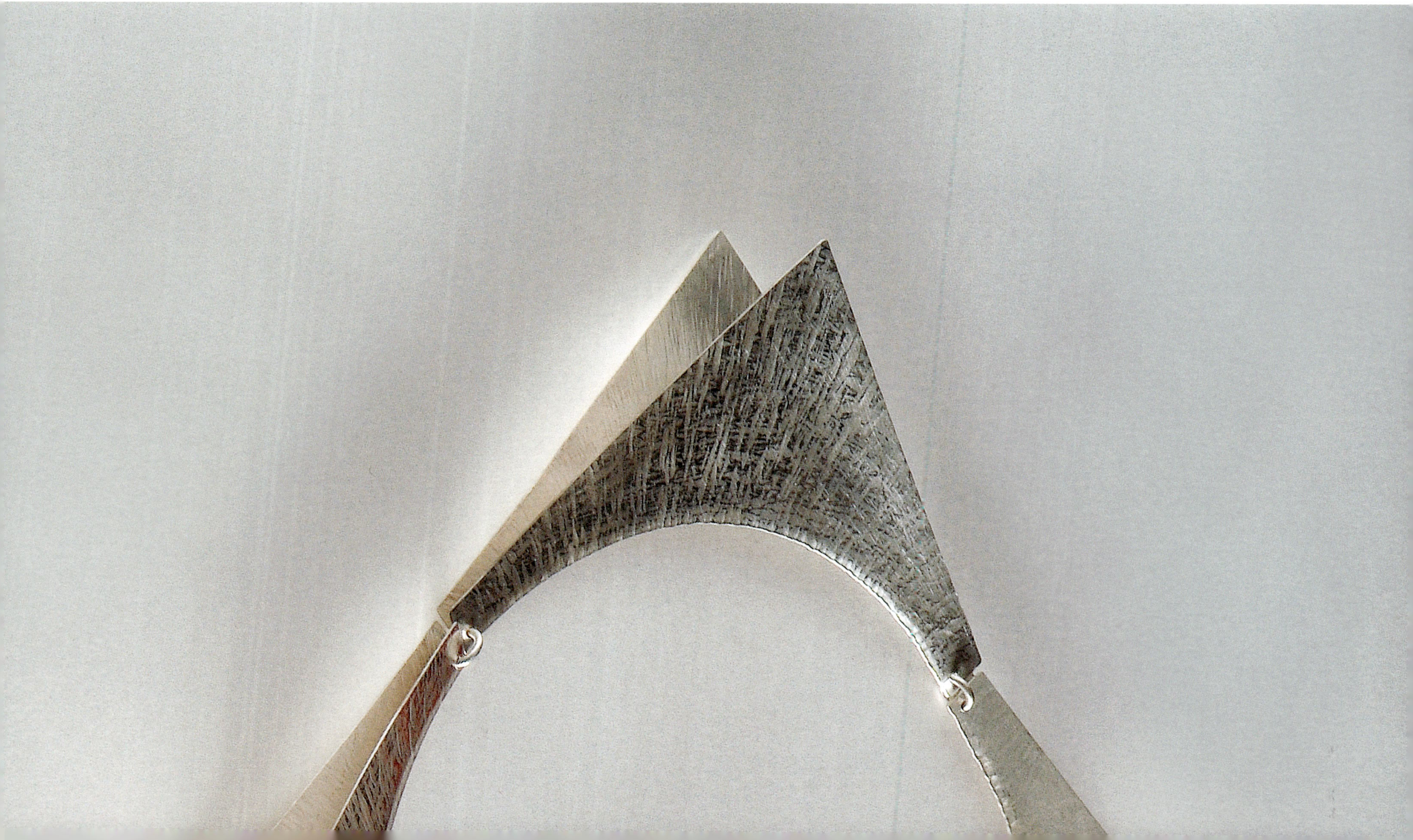

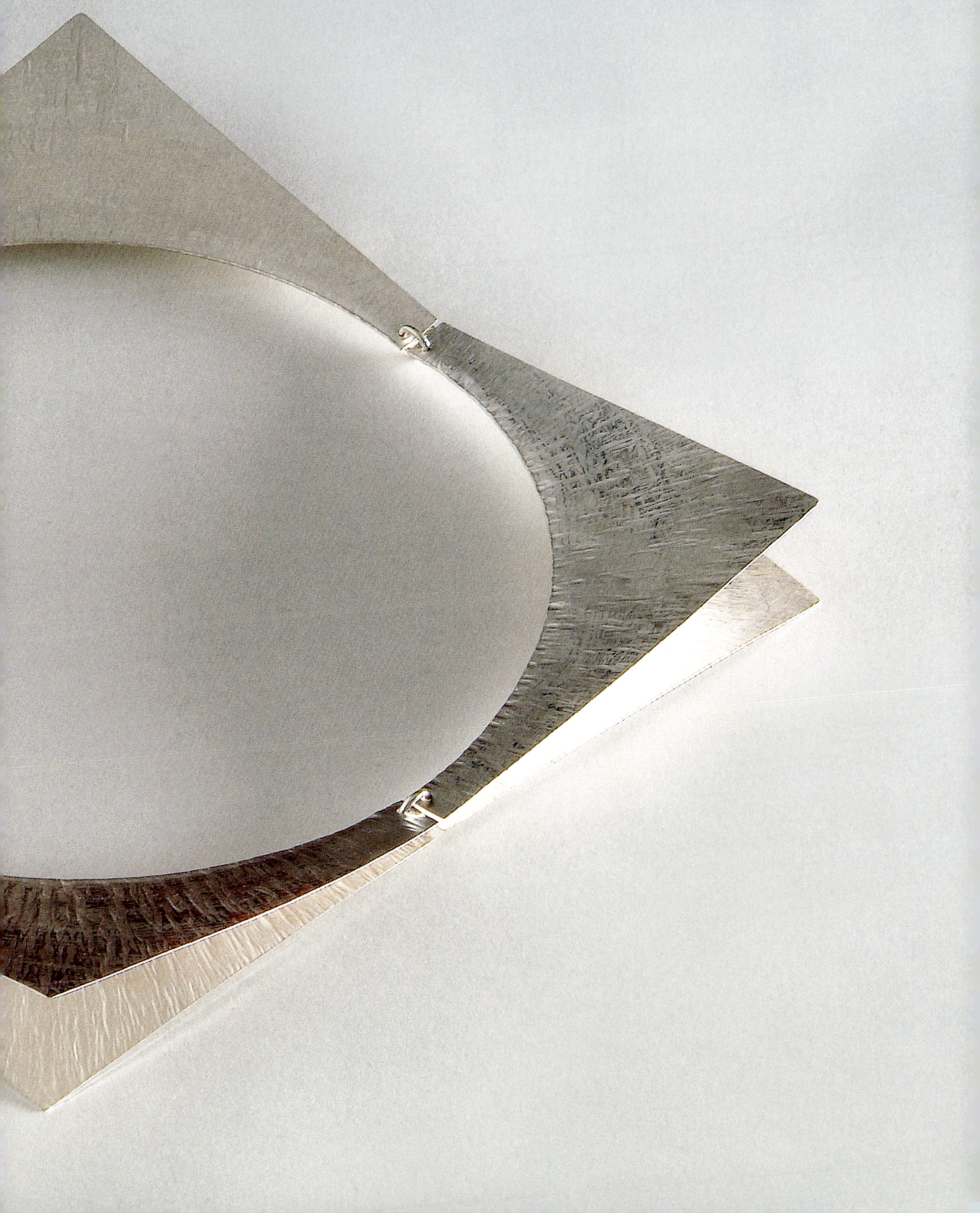

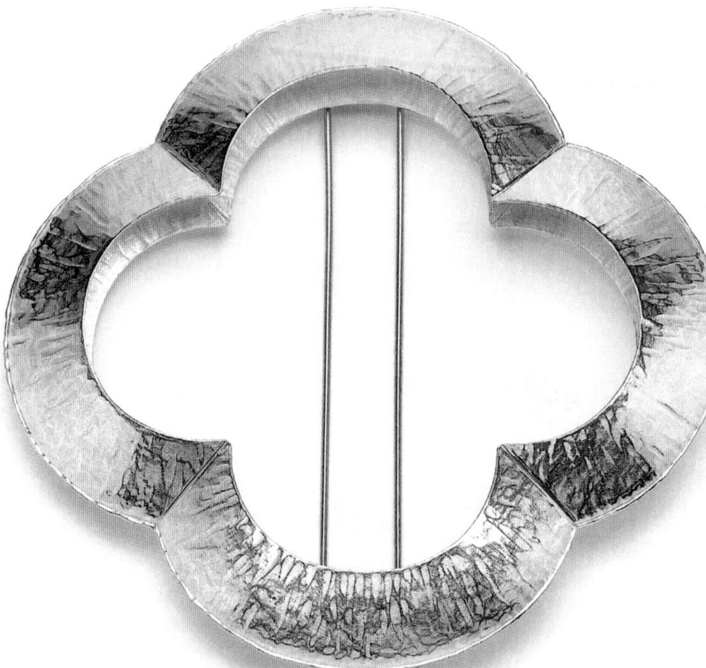

Vierpass / Quatrefoil
Brosche / brooch, 2008, Silber / silver
68 x 68 x 14 mm

Dreipass / Three-pass
Brosche / brooch, 2006, Silber / silver
64 x 64 x 20 mm

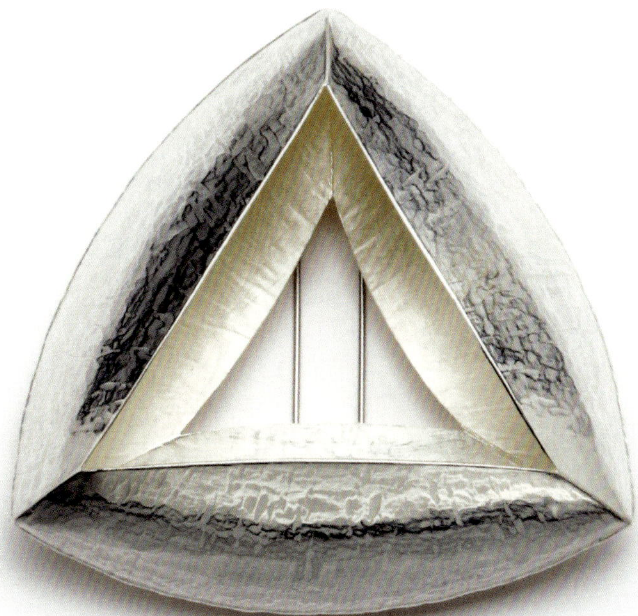

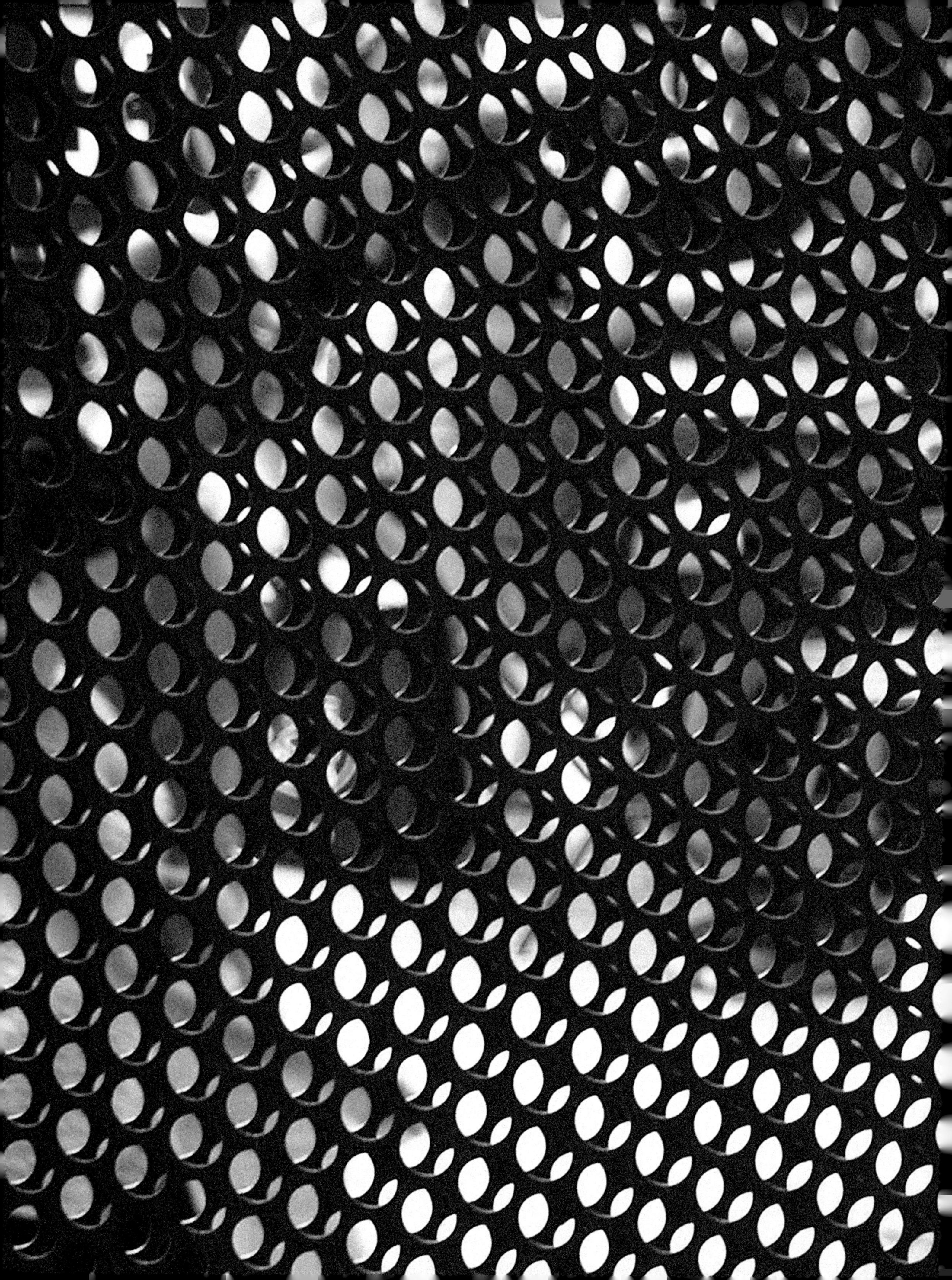

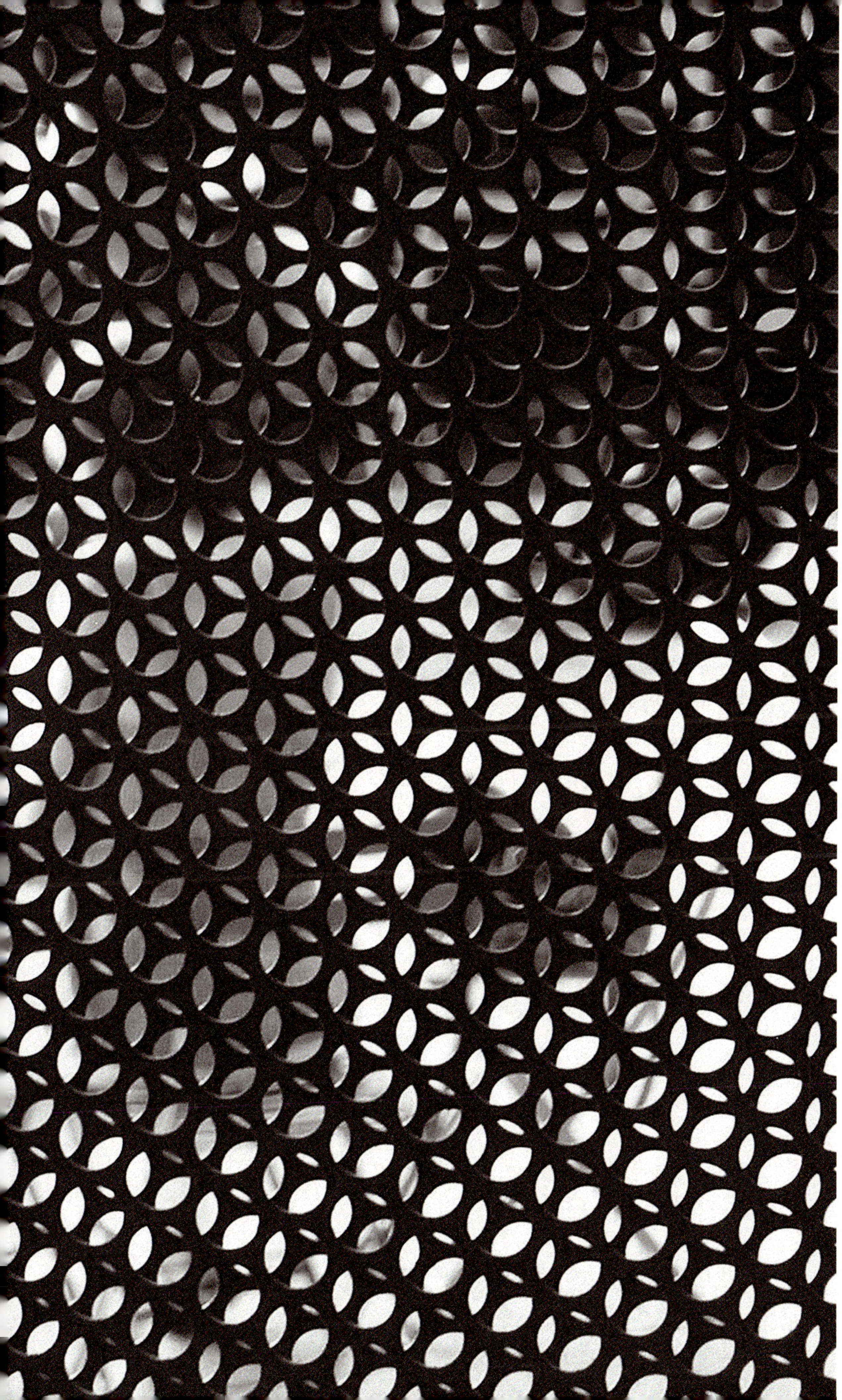

Eisblumen / Ice Flowers
Halsschmuck / necklace, 2010, Eisen, Email, Silber / iron, enamel, silver
240 × 240 × 28 mm

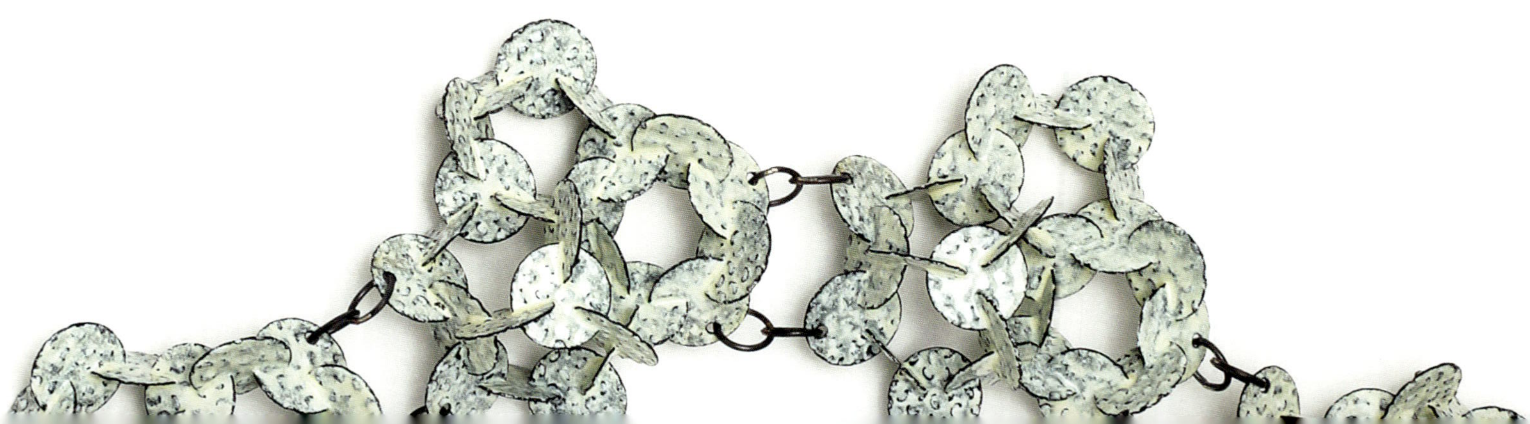

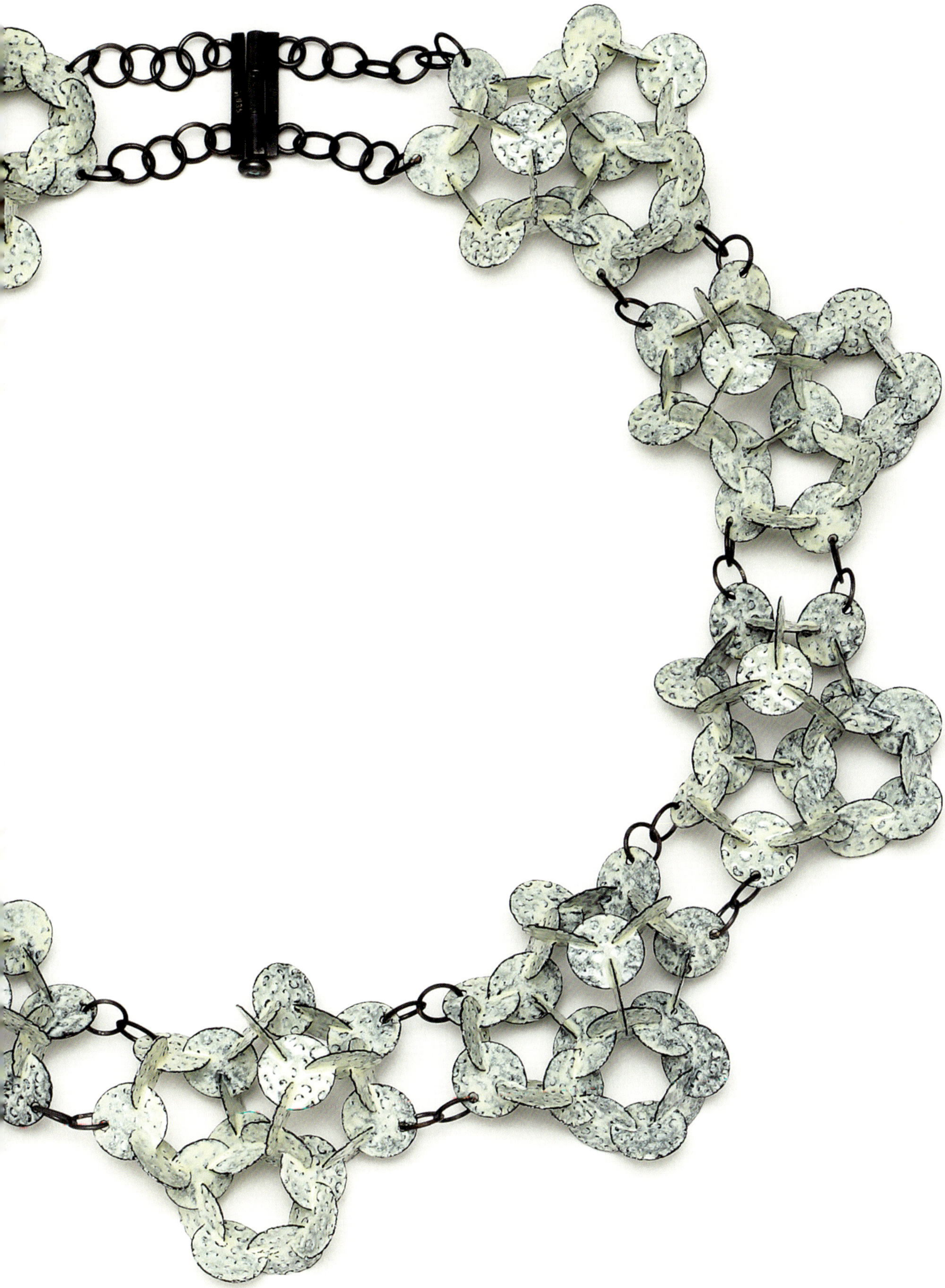

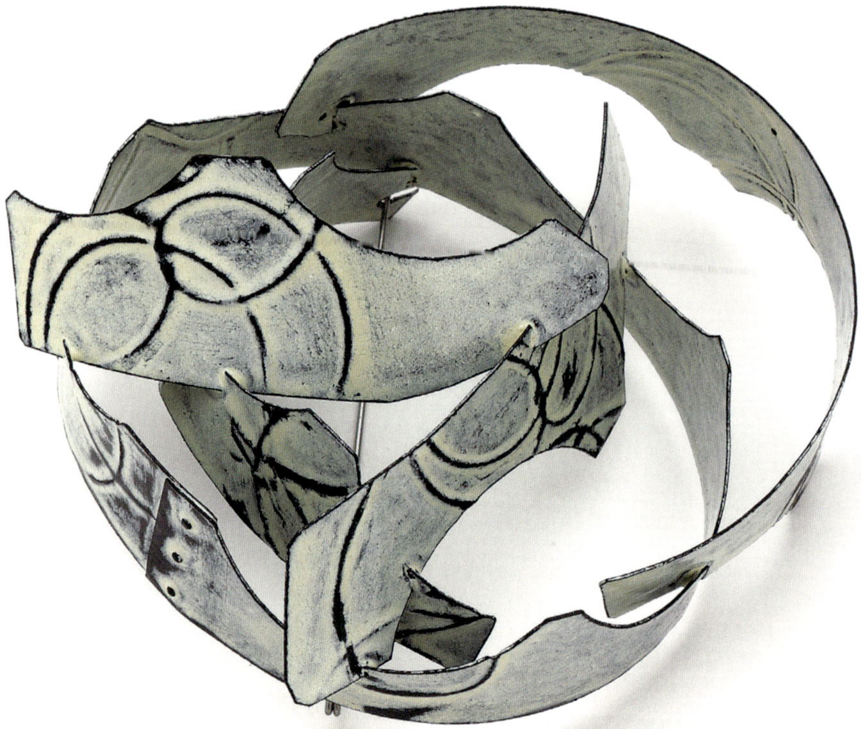

Ausschnitte / Cut-Outs
Brosche / brooch, 2011, Eisen, Email / iron, enamel
83 x 75 x 47 mm

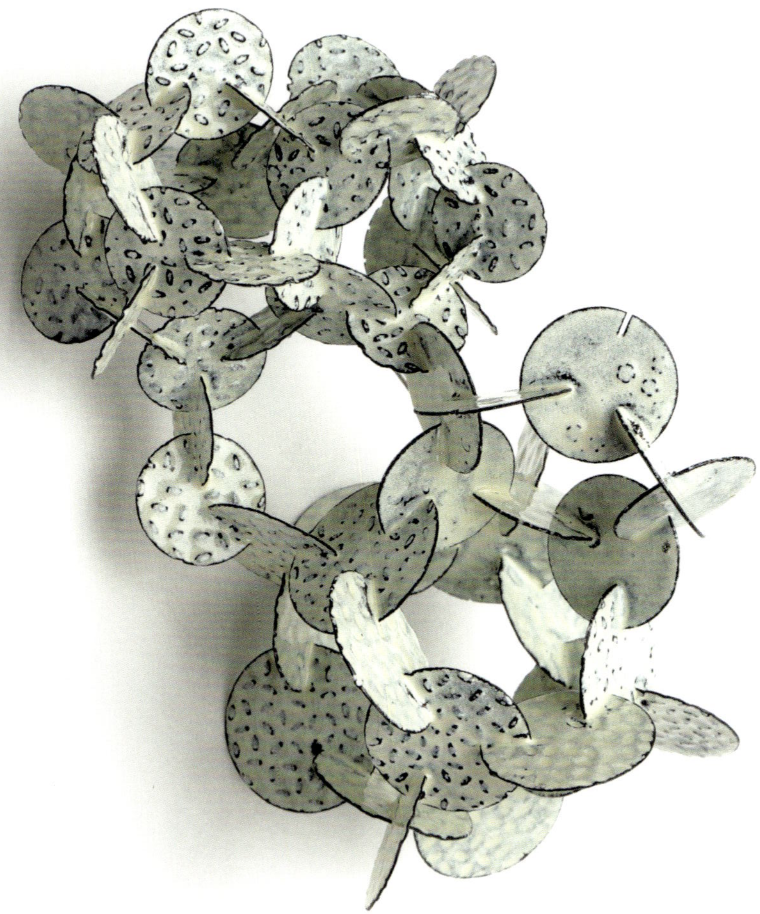

Ballung / Cluster
Brosche / brooch, 2011, Eisen, Email / iron, enamel
92 × 65 × 50 mm

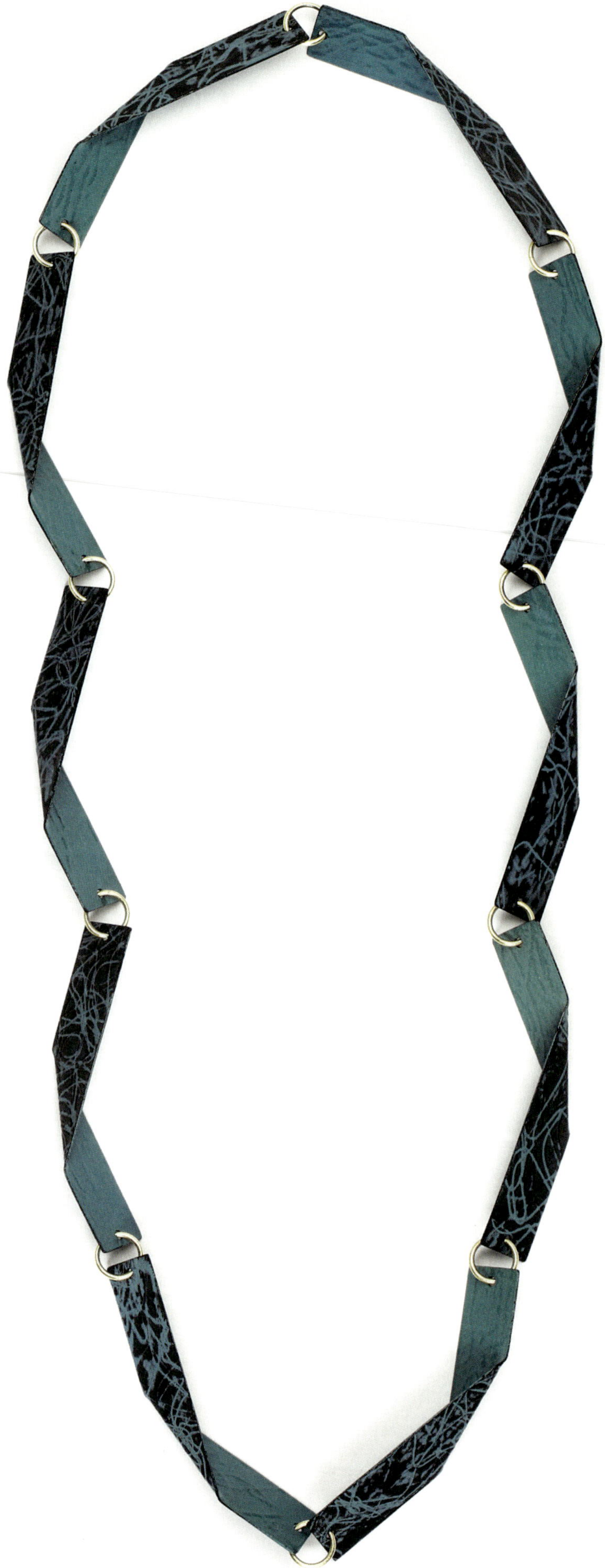

Blaues Band / Blue Ribbon
Halsschmuck / necklace, 2009, Eisen, Email, Gold / iron, enamel, gold
420 × 140 × 16 mm

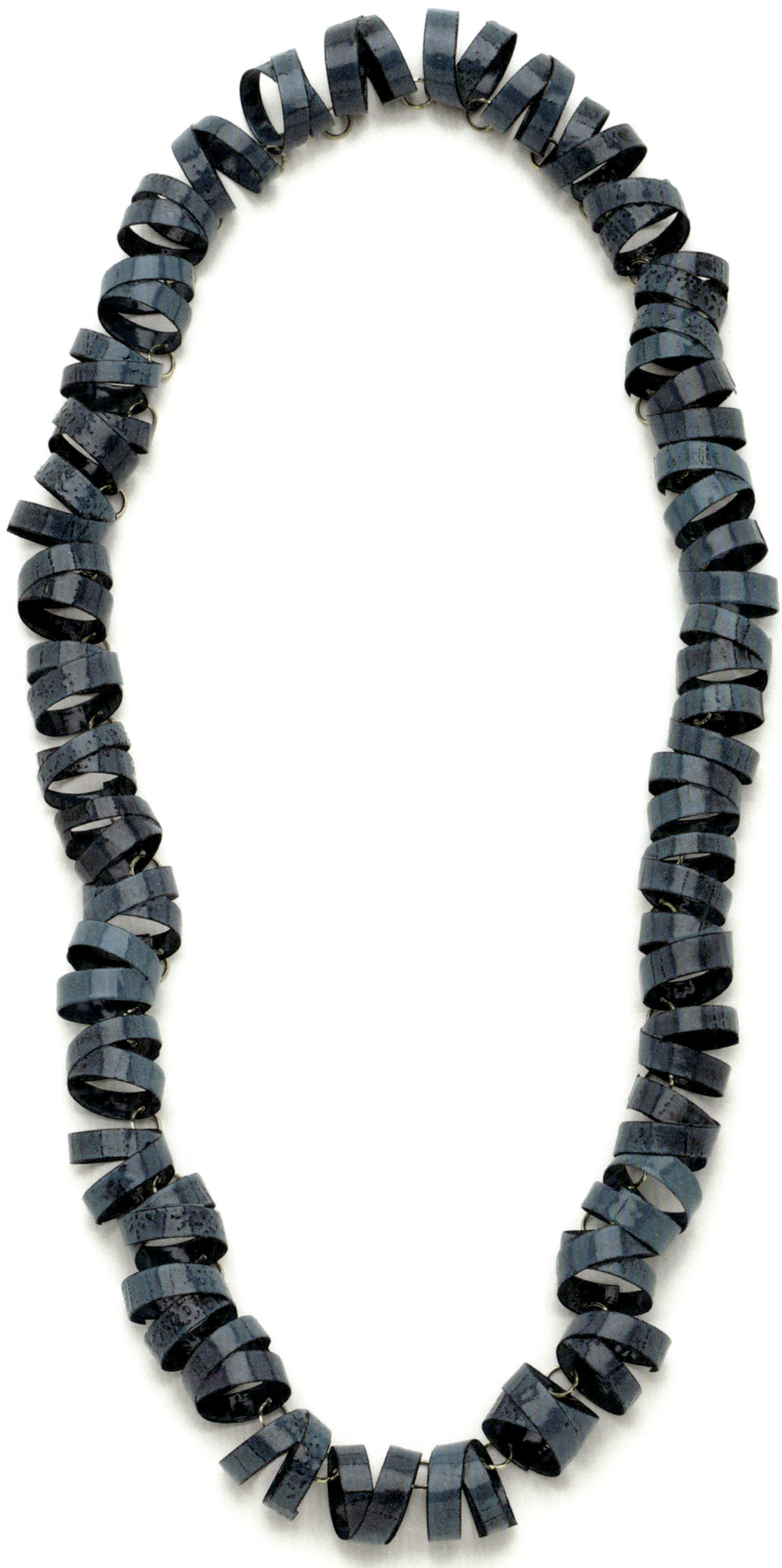

Schlaufen / Loops
Halsschmuck / necklace, 2010, Eisen, Email, Gold / iron, enamel, gold
350 × 140 × 28 mm

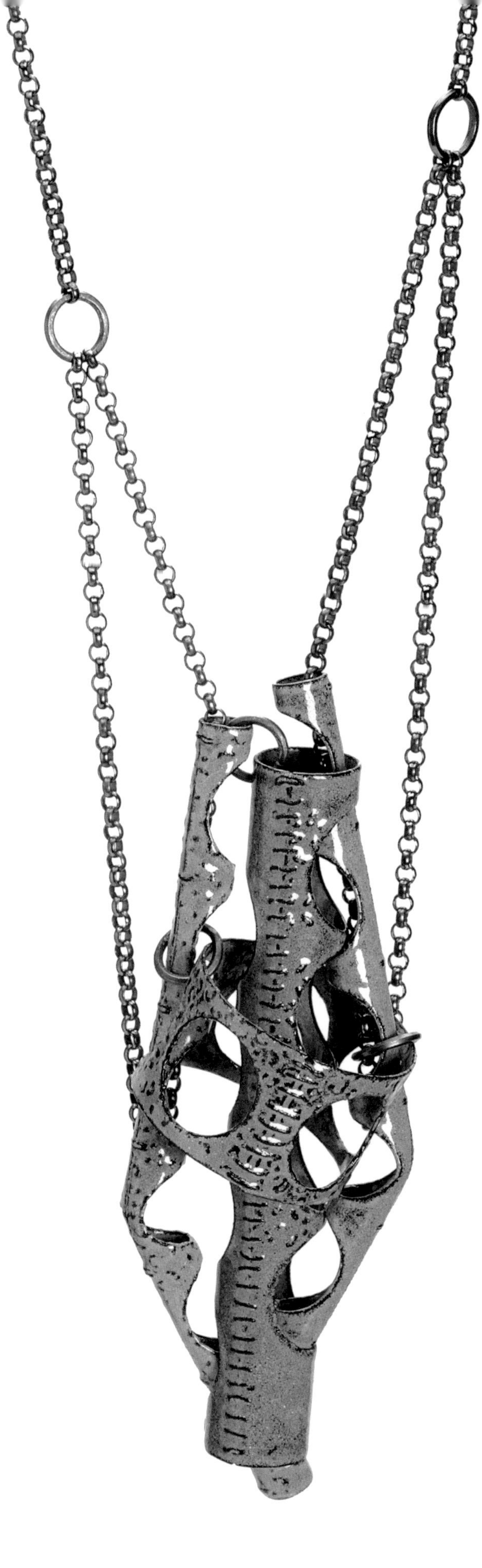

Insekt / Insect
Anhänger / pendant, 2012, Eisen, Email, Silber / iron, enamel, silver
34 × 100 × 28 mm

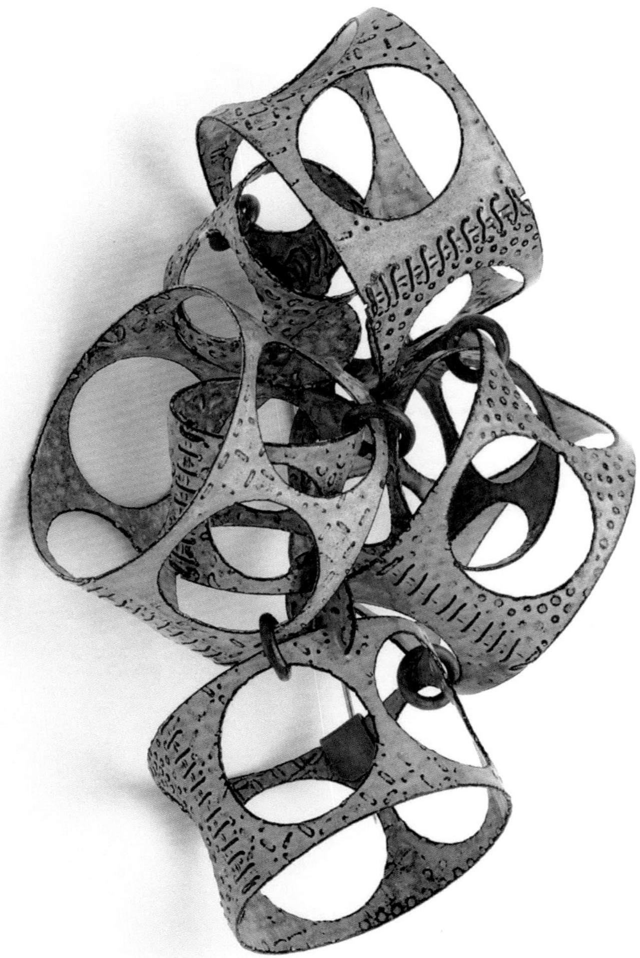

Set / **Set**
Brosche / brooch, 2011, Eisen, Email, Silber / iron, enamel, silver
110 × 65 × 45 mm

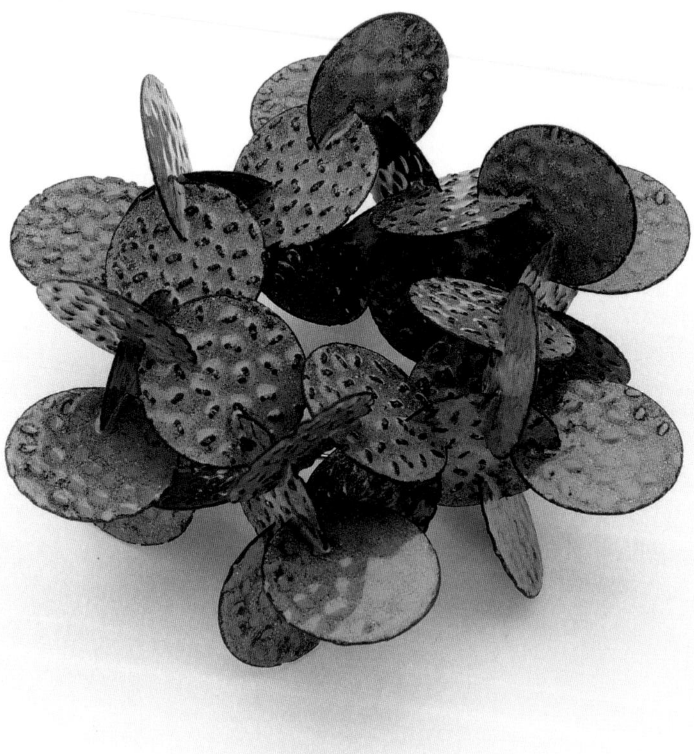

Verwirbelung / Turbulence
Brosche / brooch, 2010, Eisen, Email, Silber / iron, enamel, silver
78 x 78 x 40 mm

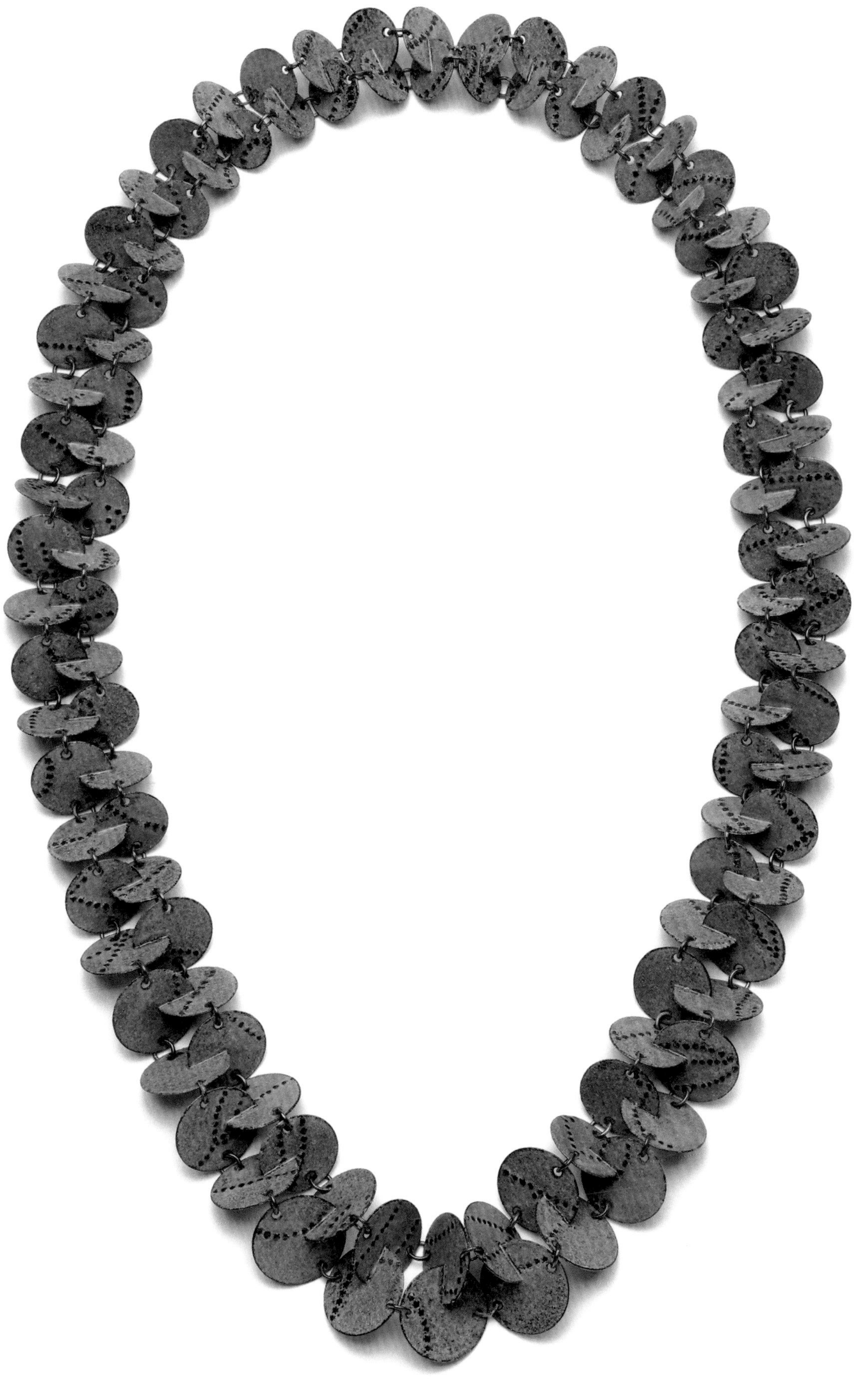

Gegenläufige Reihung / Counterrotating Chain
Halsschmuck / necklace, 2017, Eisen, Email, Silber / iron, enamel, silver
320 × 160 × 13 mm

Polygon / **Polygon**
Halsschmuck / necklace, 2011, Eisen, Email, Silber / iron, enamel, silver
420 × 140 × 7 mm

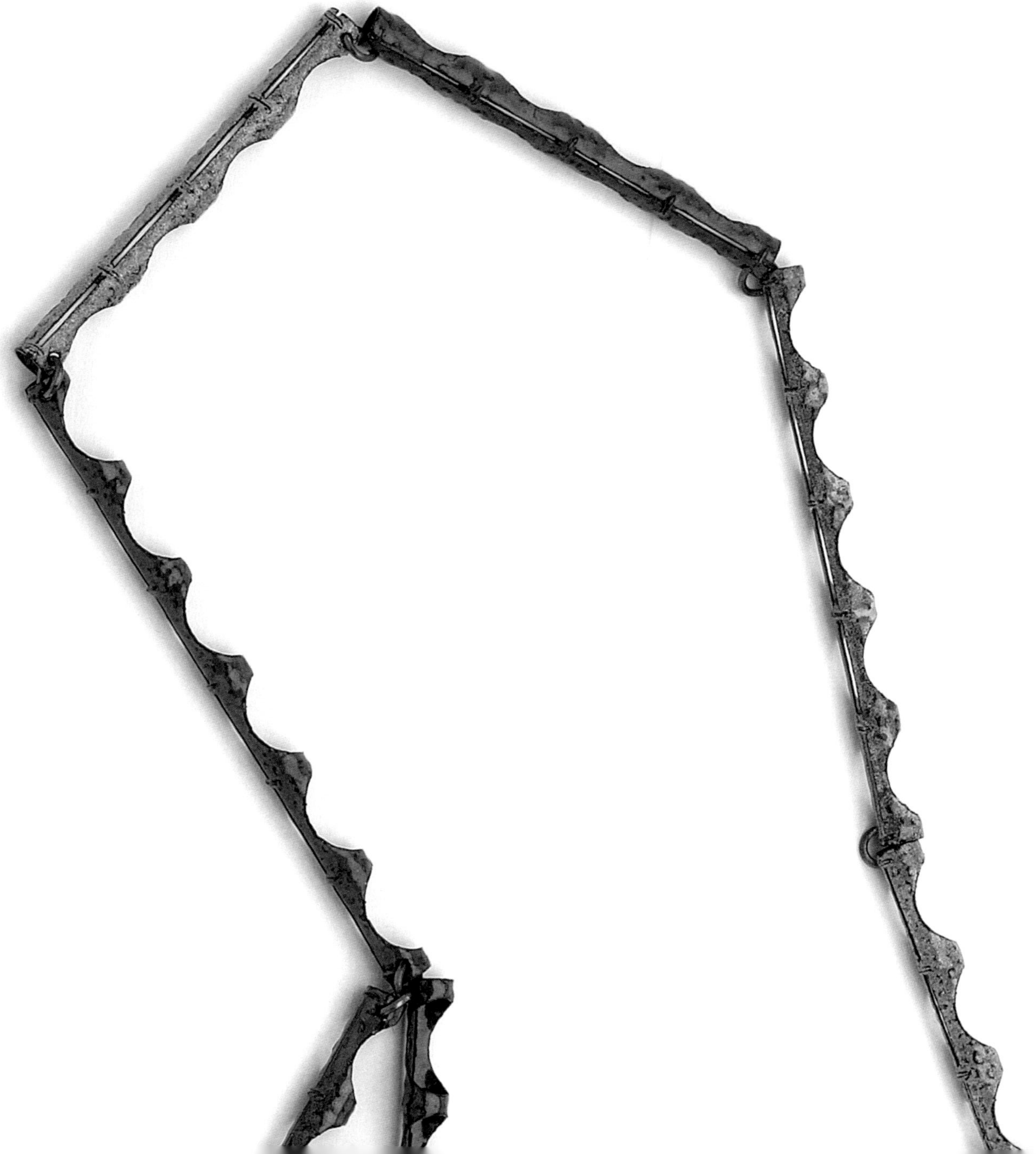

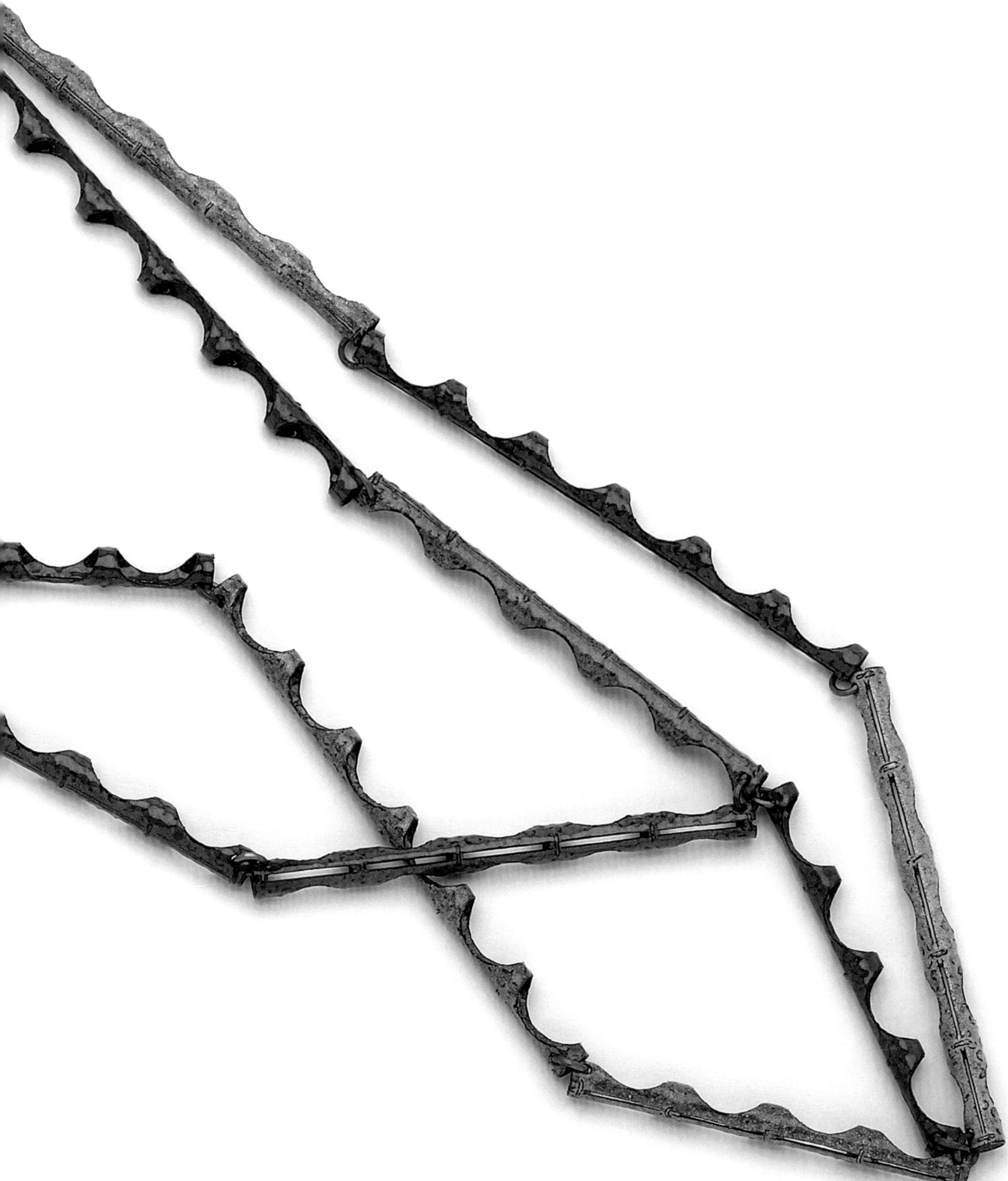

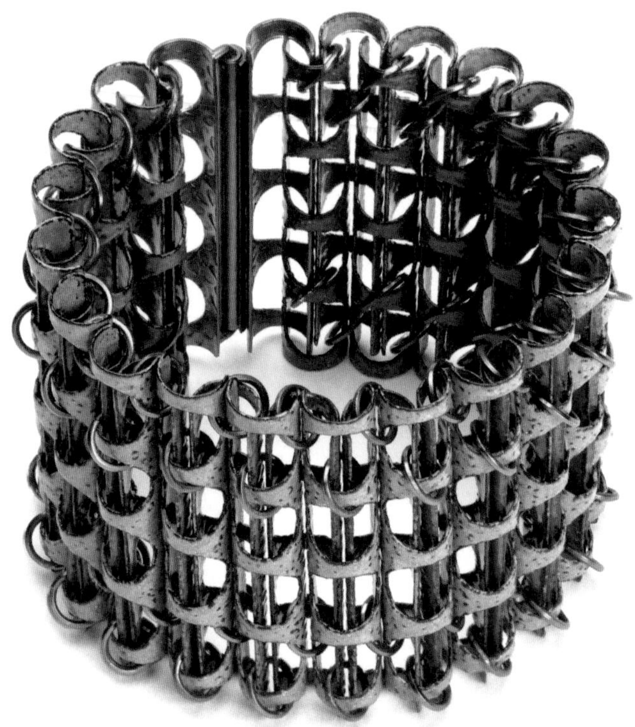

Gitter / **Lattice**
Armschmuck / bracelet, 2017, Eisen, Email, Silber / iron, enamel, silver
70 × 70 × 65 mm

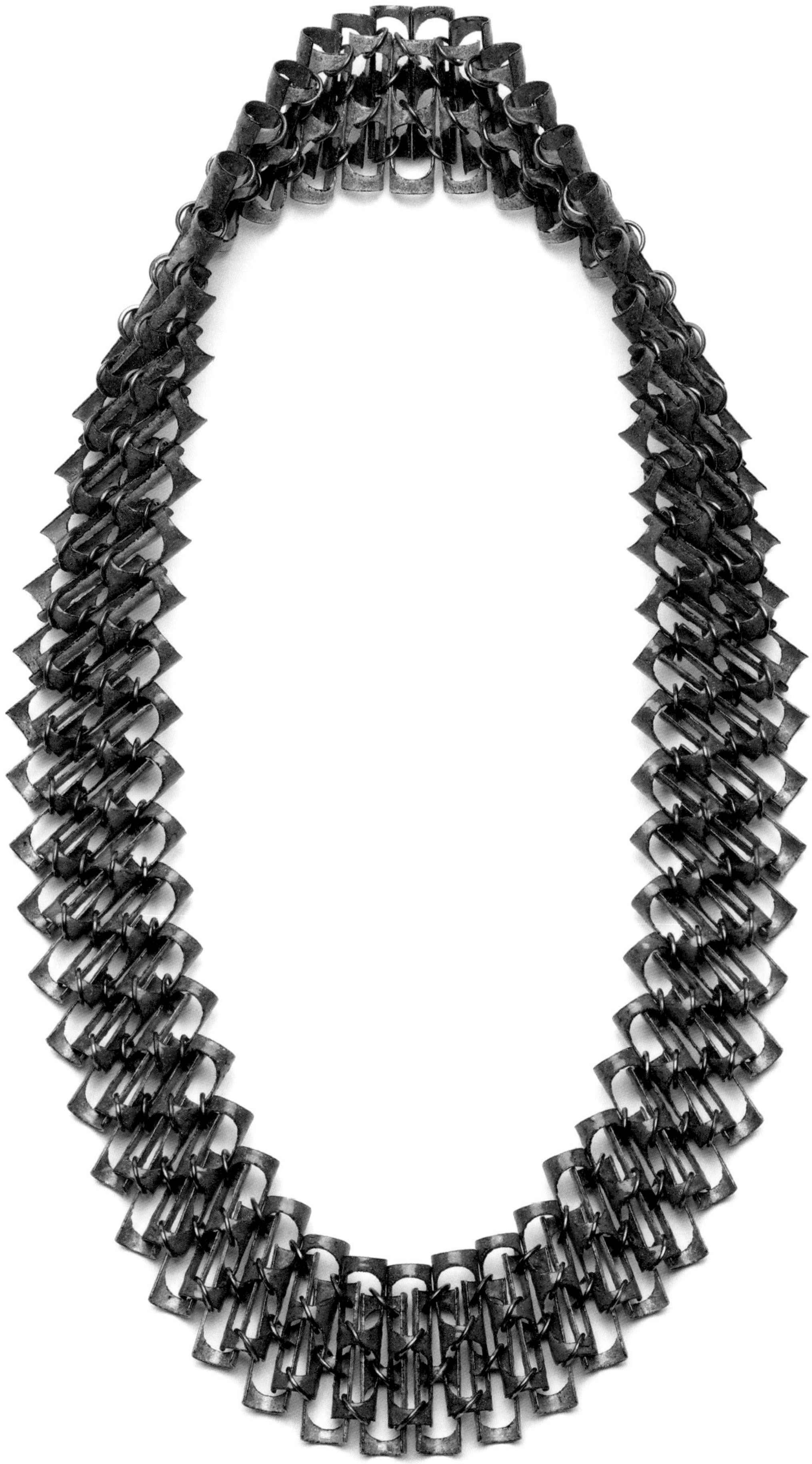

Röhren / Tubular Cut-Outs
Halsschmuck / necklace, 2018, Eisen, Email, Silber / iron, enamel, silver
280 × 170 × 7 mm

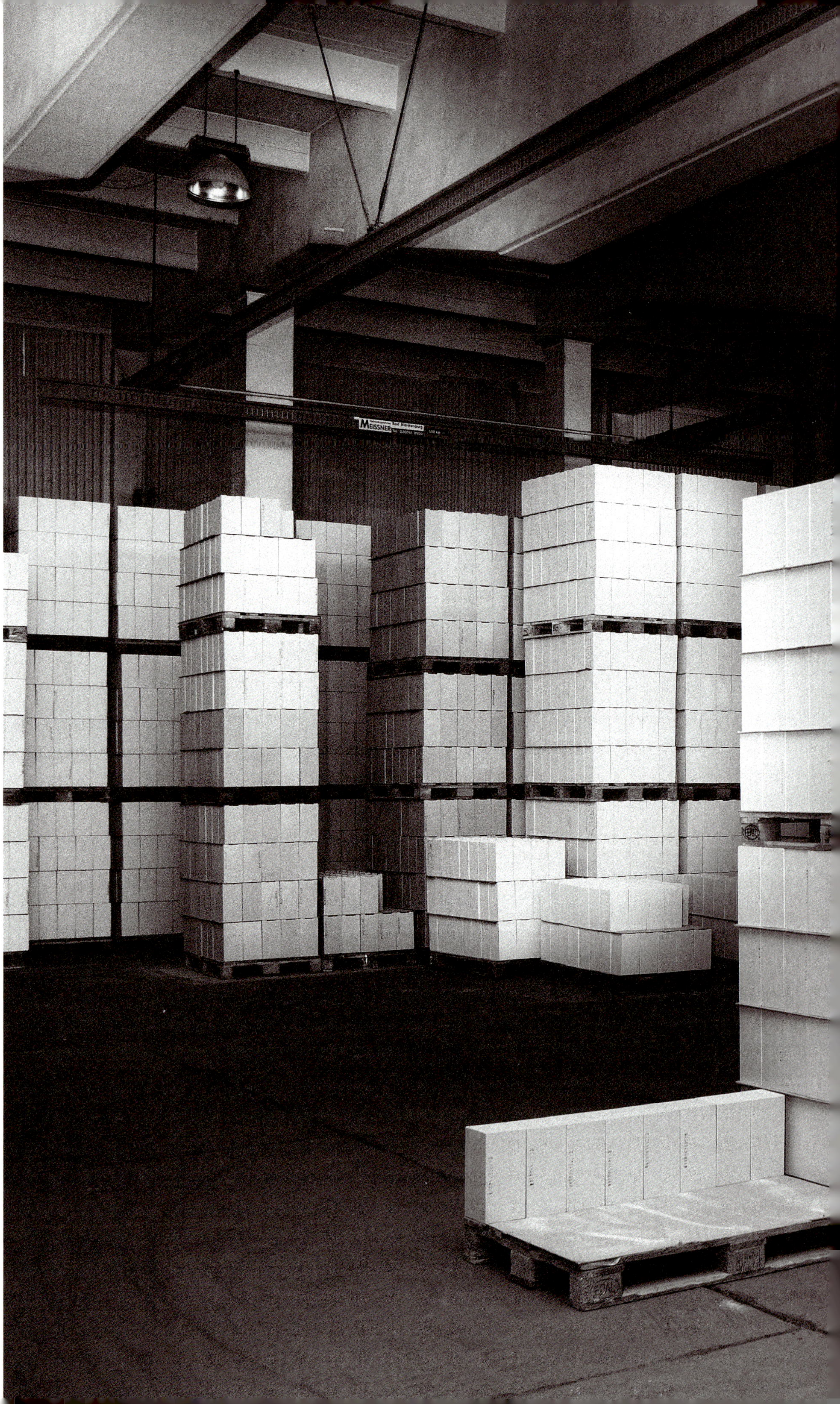
MEISSNER

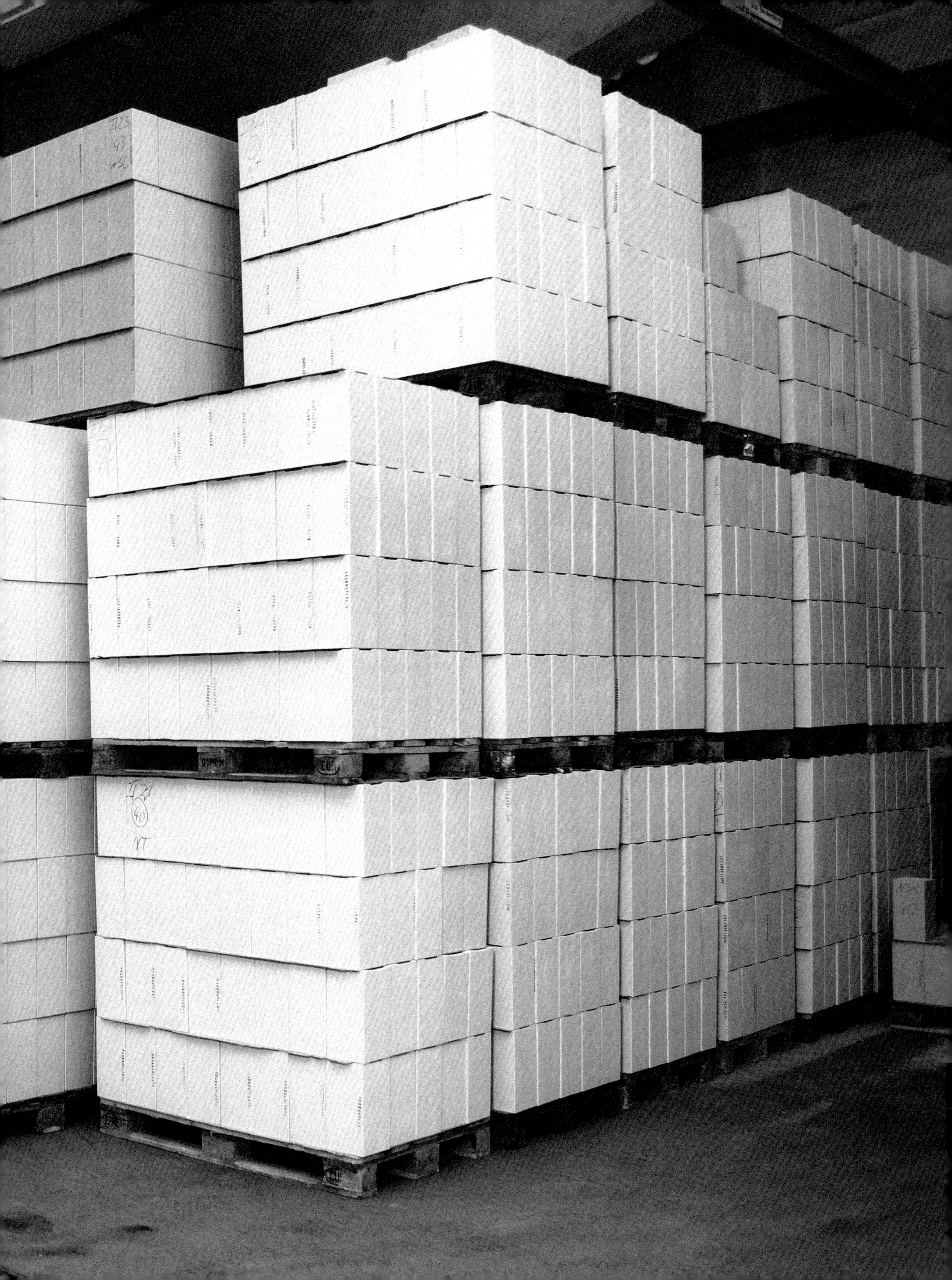

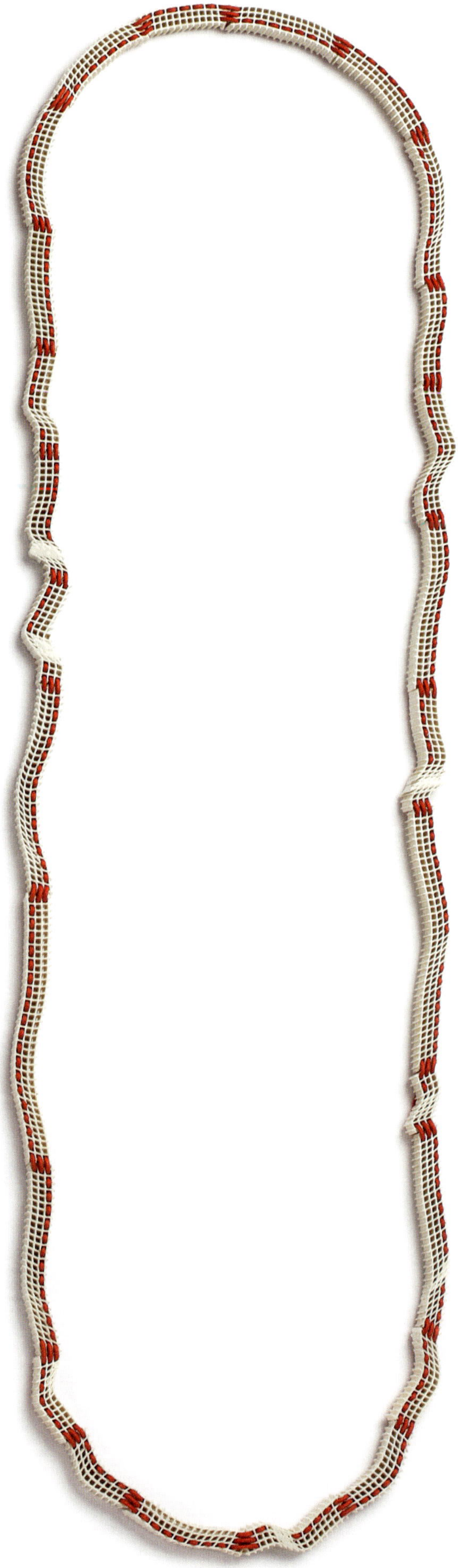

Band / Ribbon
Halsschmuck / necklace, 2008, Porzellan, Schnur / porcelain, thread
550 × 140 × 5 mm

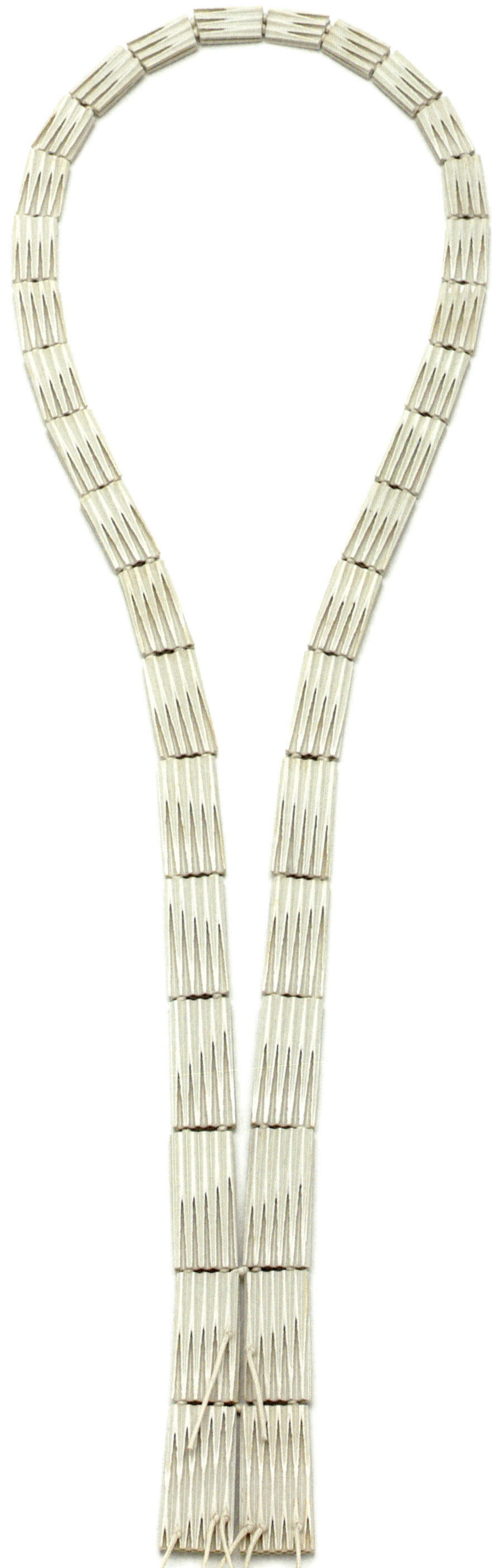

Aufgebrochenes Band / Opened Band
Halsschmuck / necklace, 2011, Porzellan, Schnur / porcelain, thread
510 × 130 × 5 mm

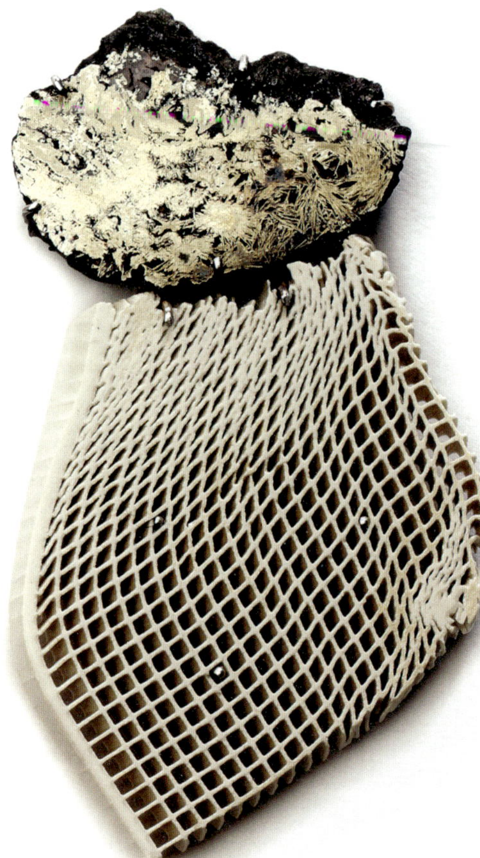

Bruchstück / Fragment
Brosche / brooch, 2014, Porzellan, Silber, Pyrit / porcelain, silver, pyrite
55 × 105 × 6 mm

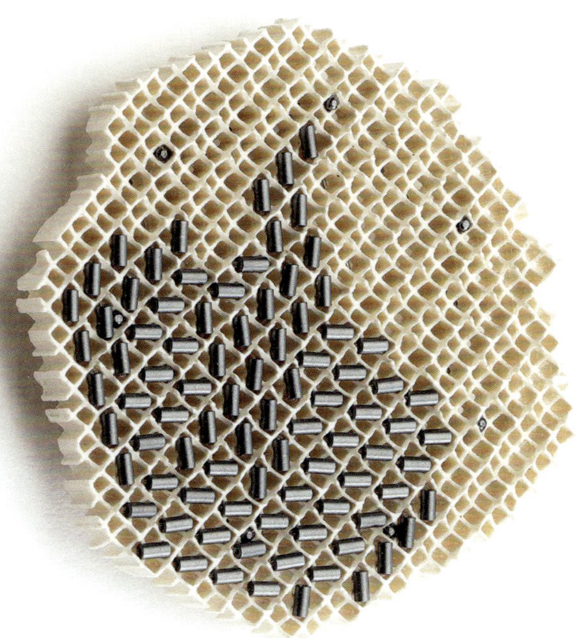

Moiré / Moiré
Brosche / brooch, 2013, Porzellan, Silber, Hämatit / porcelain, silver, hematite
75 × 75 × 8 mm

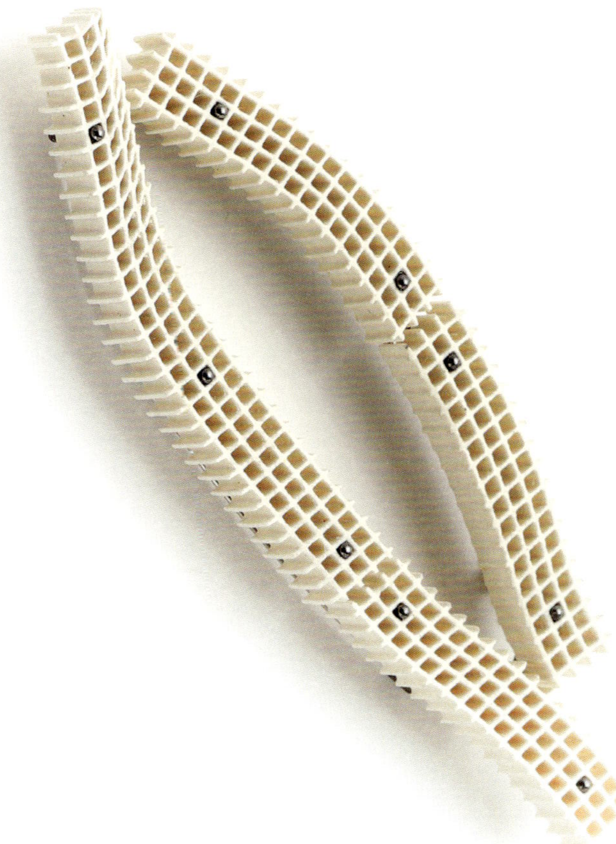

Mauer / Wall
Brosche / brooch, 2012, Porzellan, Silber / porcelain, silver
115 × 35 × 12 mm

Fluss / Flow
Halsschmuck / necklace, 2013, Porzellan, Silber / porcelain, silver
210 × 200 × 7 mm

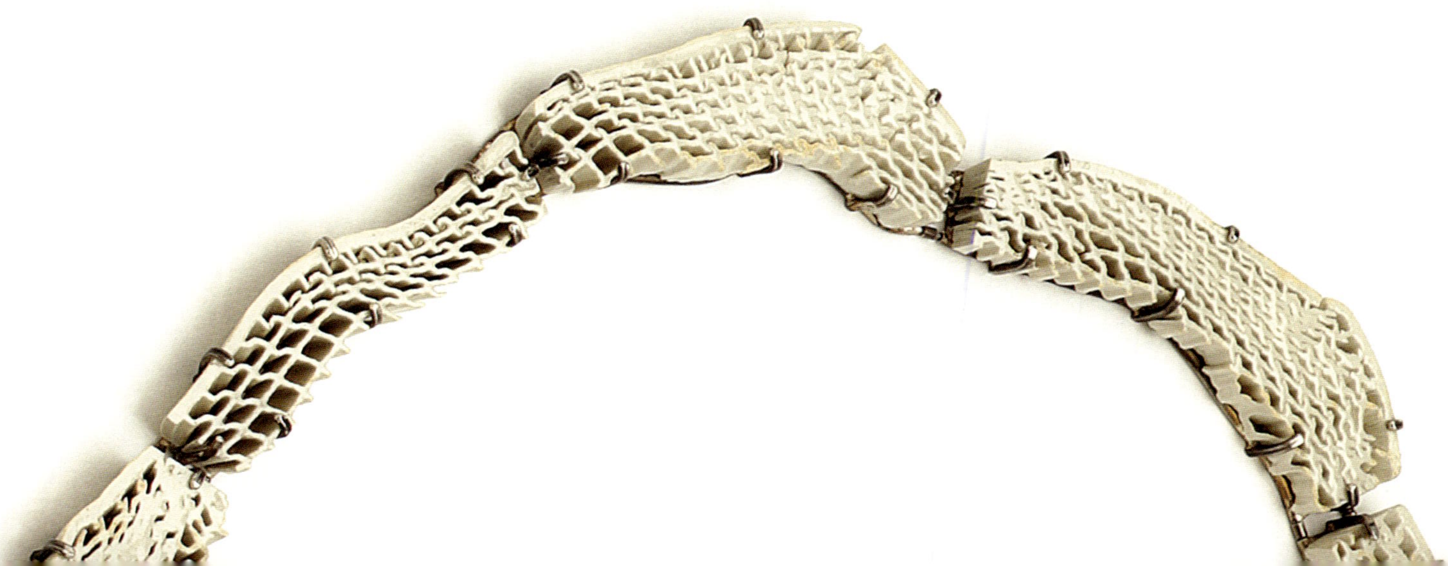

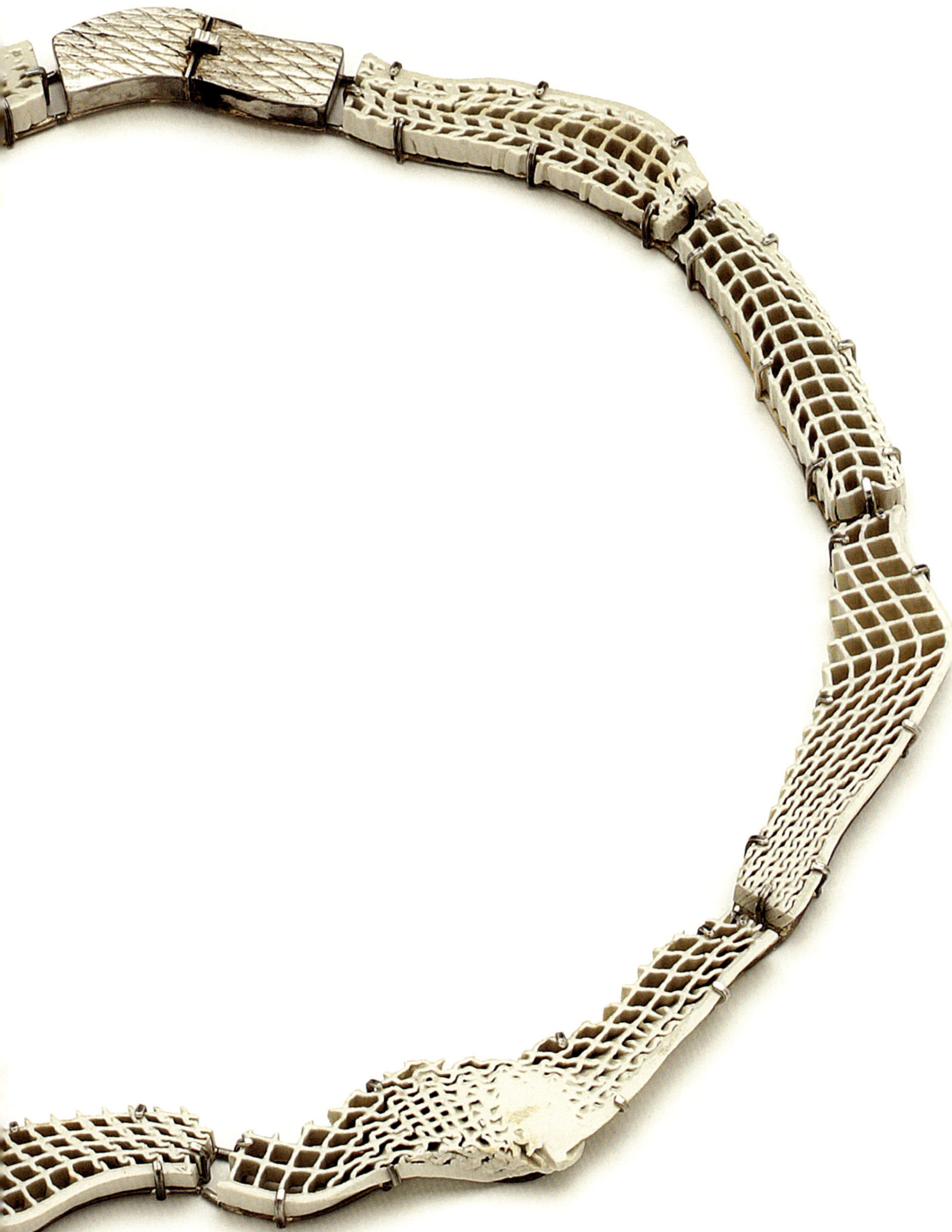

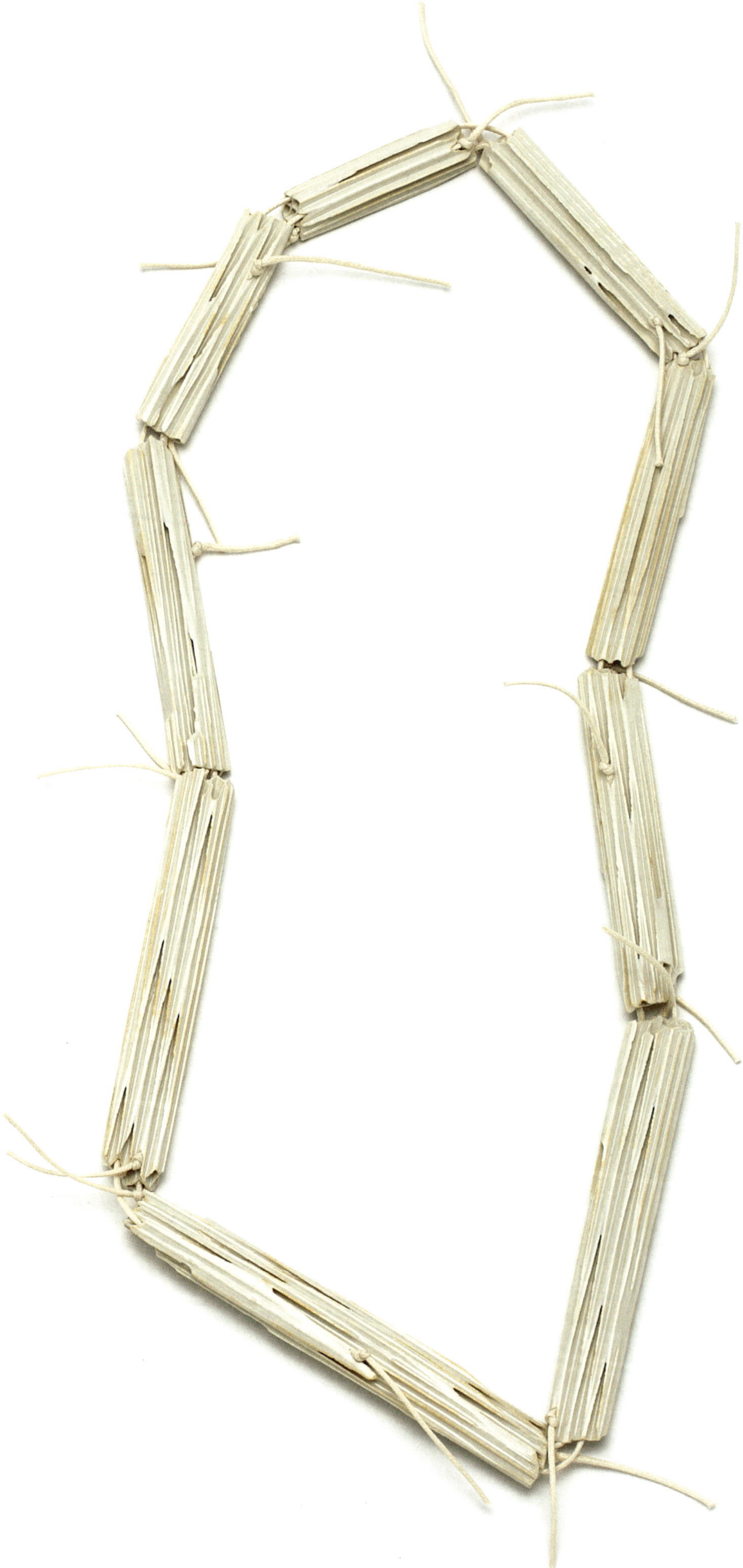

Weiß / White
Halsschmuck / necklace, 2011, Porzellan, Schnur / porcelain, thread
350 × 140 × 8 mm

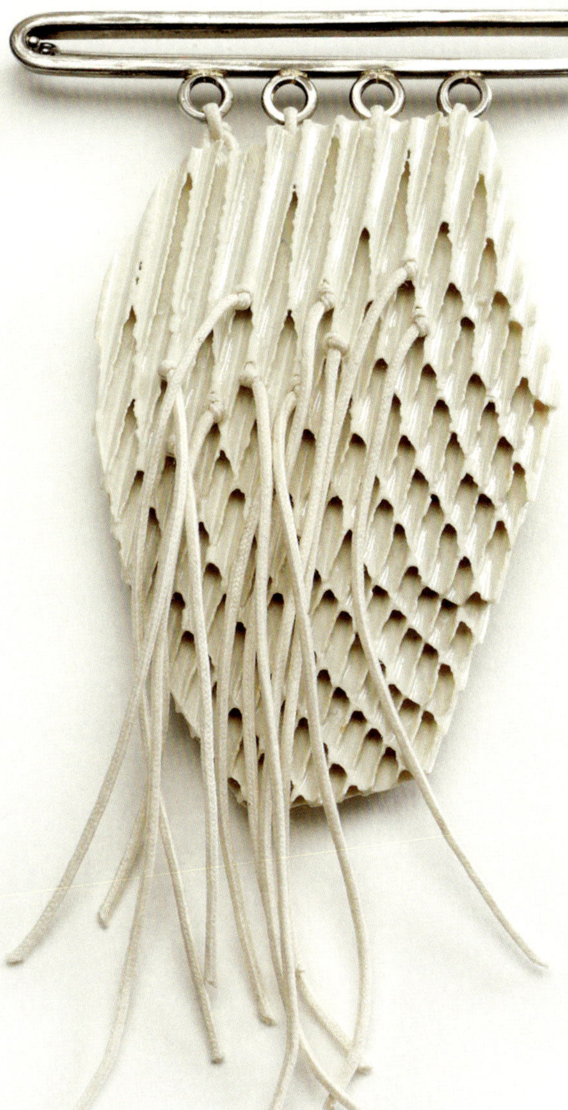

Orden / Medal
Brosche / brooch, 2014, Porzellan, Silber, Schnur / porcelain, silver, thread
75 x 130 x 8 mm

New York / New York
Brosche / brooch, 2011, Porzellan, Silber / porcelain, silver
150 × 48 × 7 mm

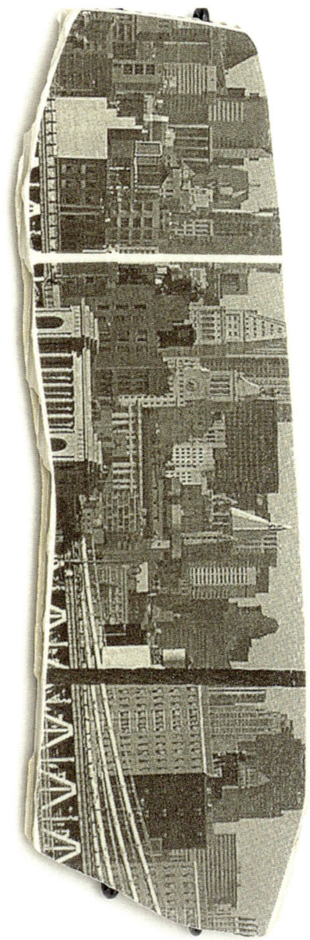

Himmel über New York / Sky over New York
Brosche / brooch, 2011, Porzellan, Silber / porcelain, silver
130 × 40 × 8 mm

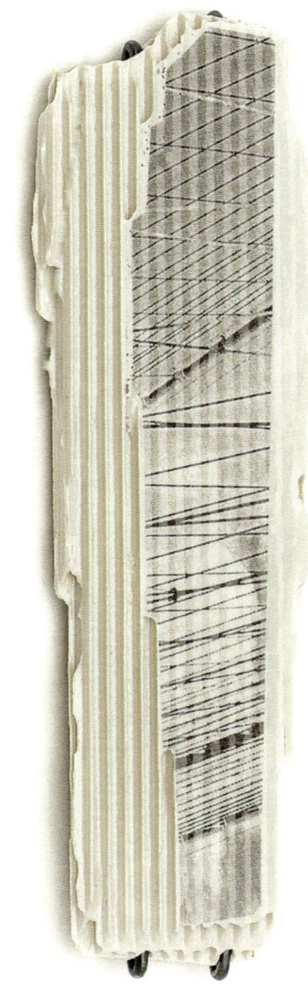

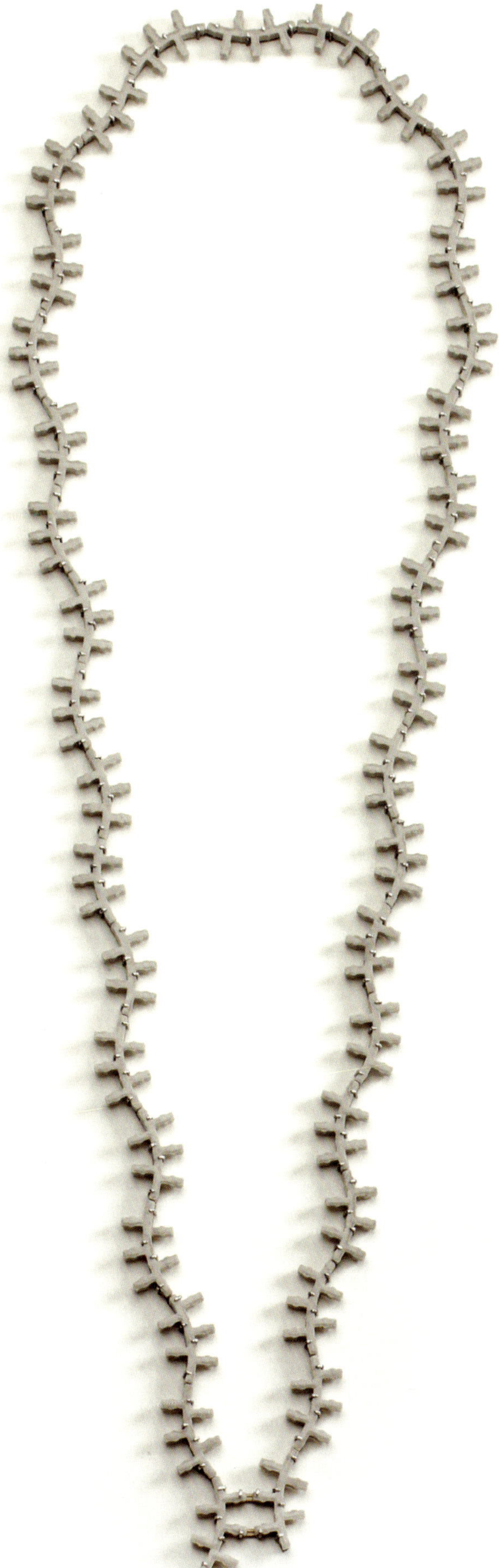

Gefiederte Schlange / Feathered Snake
Halsschmuck / necklace, 2014, Porzellan, Silber / porcelain, silver
520 × 130 × 7 mm

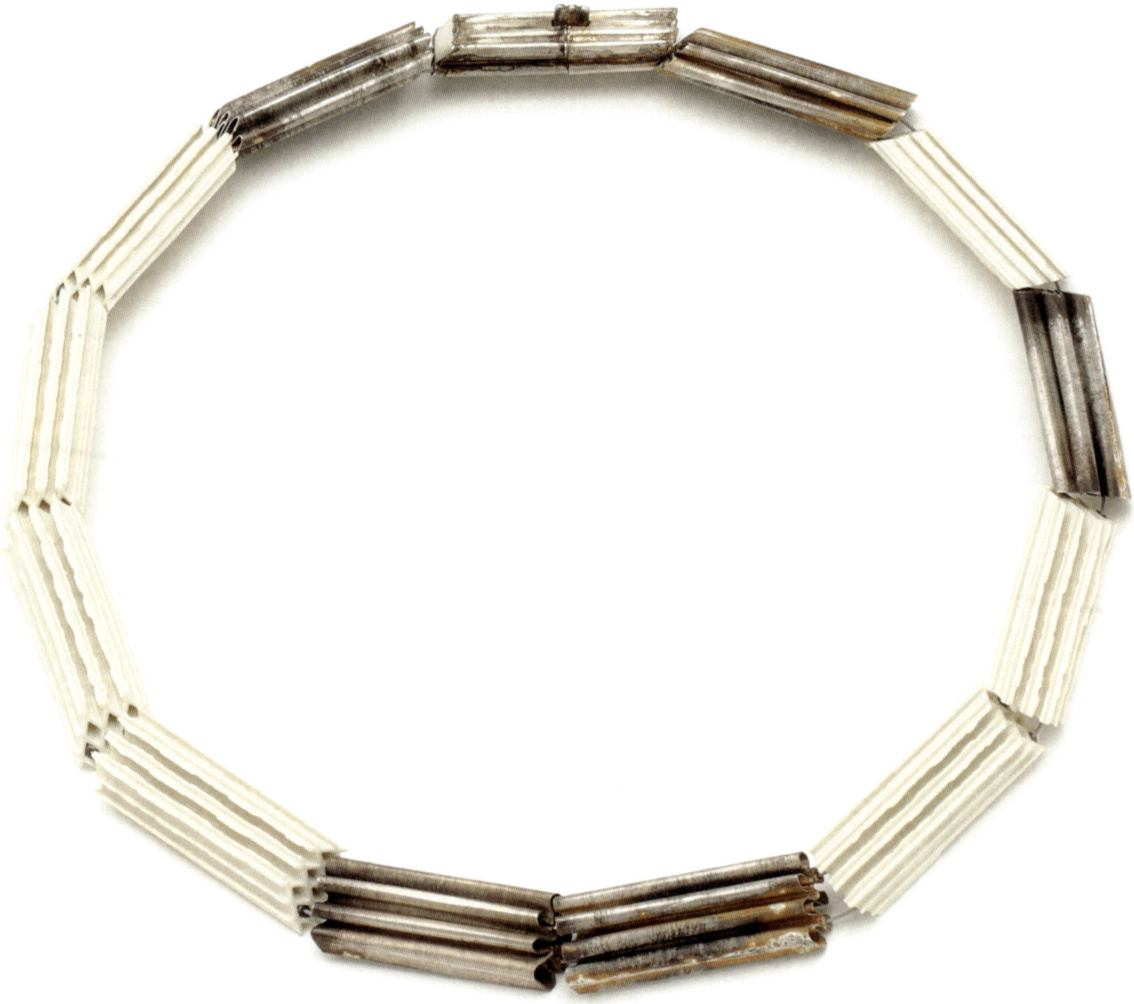

Borke / Bark
Halsschmuck / necklace, 2015, Porzellan, Silber / porcelain, silver
180 × 180 × 8 mm

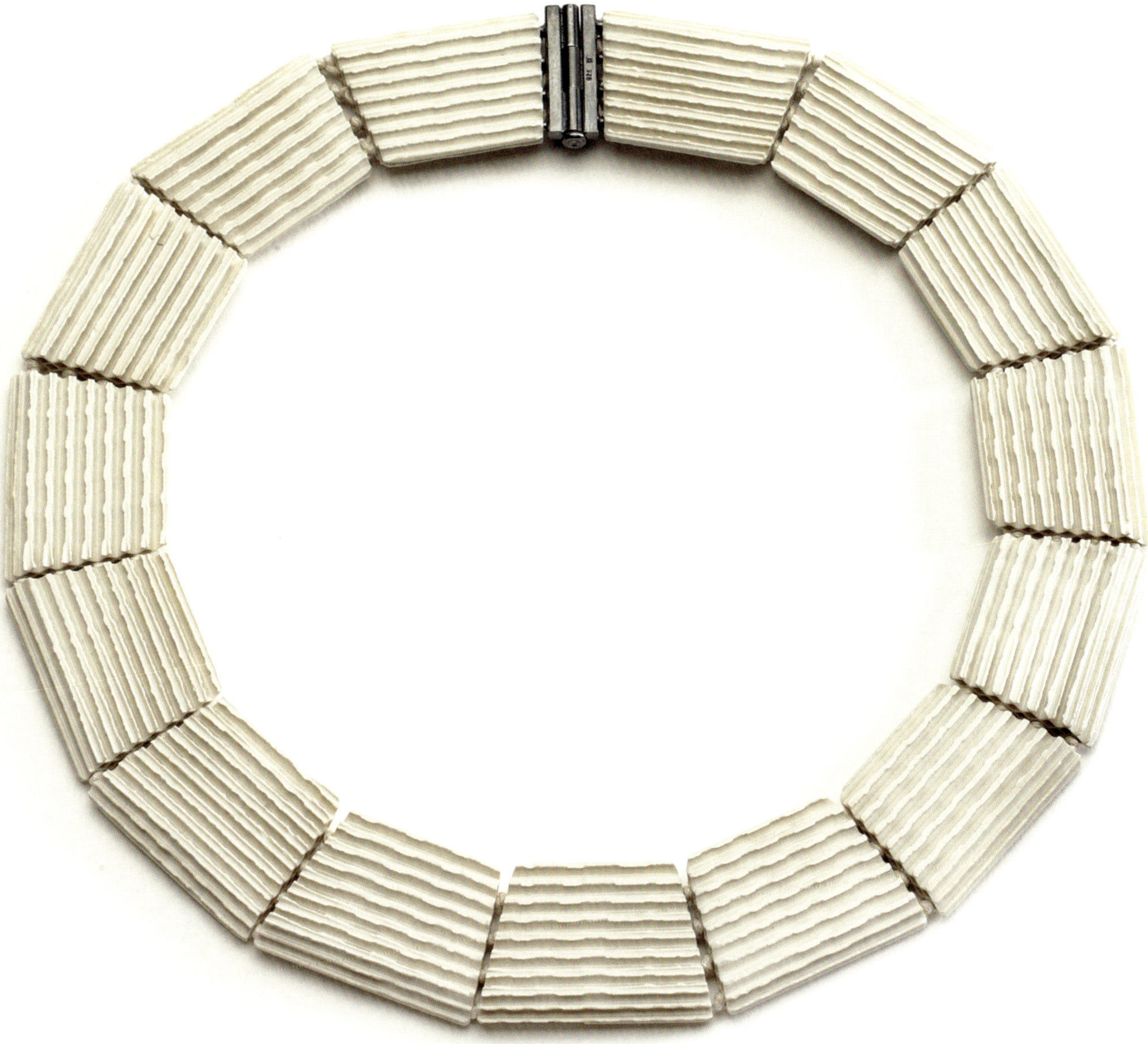

Stille / Silence
Halsschmuck / necklace, 2013, Porzellan, Silber / porcelain, silver
205 × 205 × 7 mm

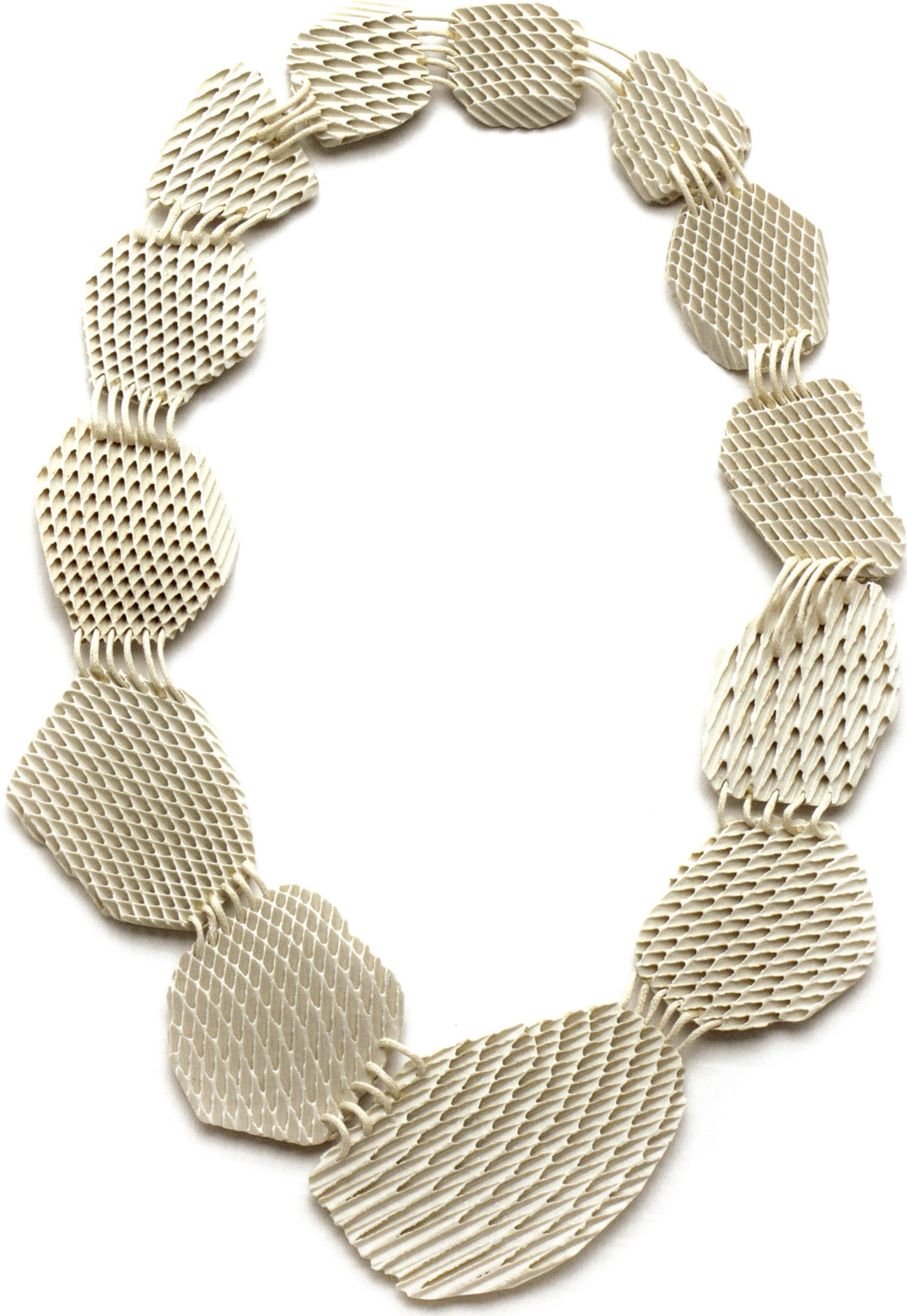

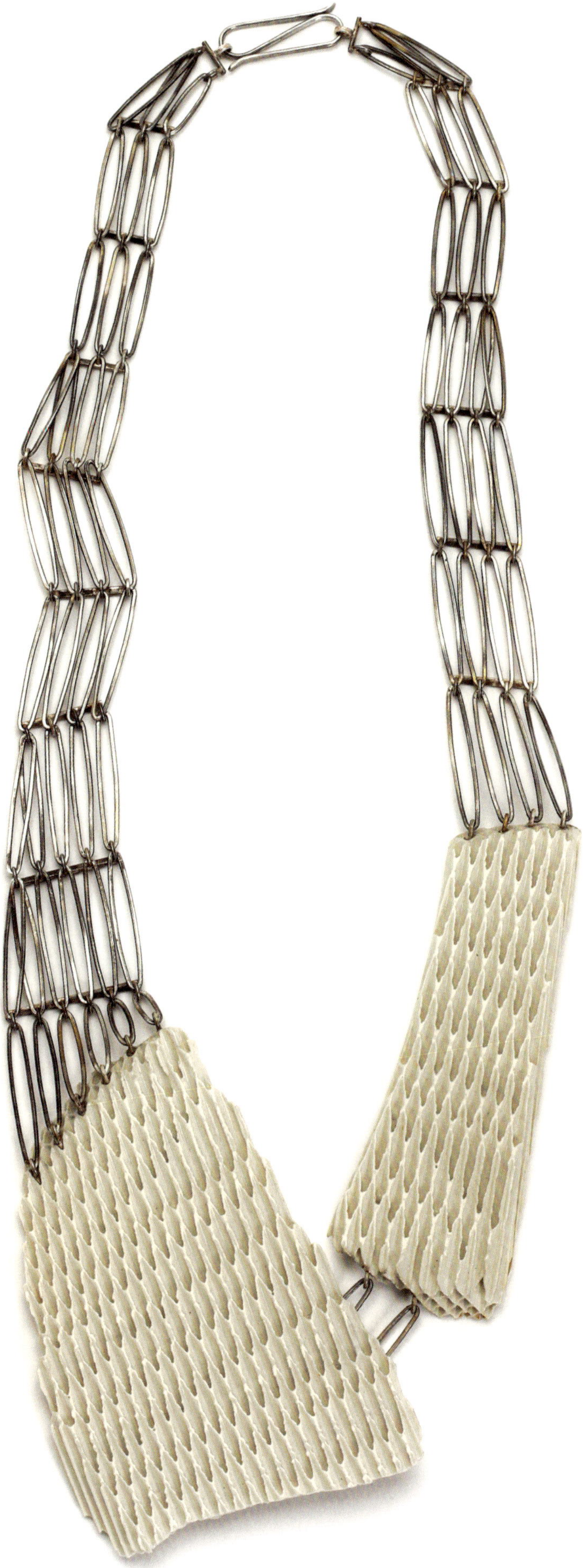

Paar / Pair
Halsschmuck / necklace, 2013, Porzellan, Silber / porcelain, silver
350 × 140 × 8 mm

Flächen mit Rhomben / Areas with Rhombs
Halsschmuck / necklace, 2011, Porzellan, Schnur / porcelain, thread
310 × 210 × 5 mm

Mann und Frau / **Man and Woman**
Brosche / brooch, 2013, Porzellan, Silber / porcelain, silver
40 × 72 × 8 mm

Durchbrüche / **Breaking Through**
Halsschmuck / necklace, 2014, Porzellan, Silber / porcelain, silver
200 × 170 × 7 mm

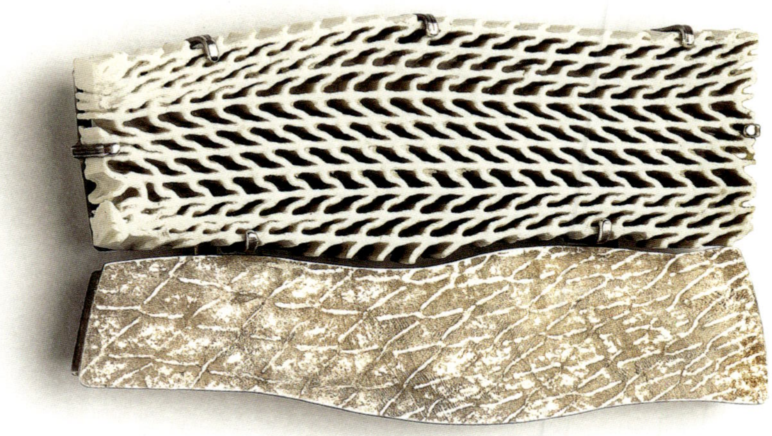

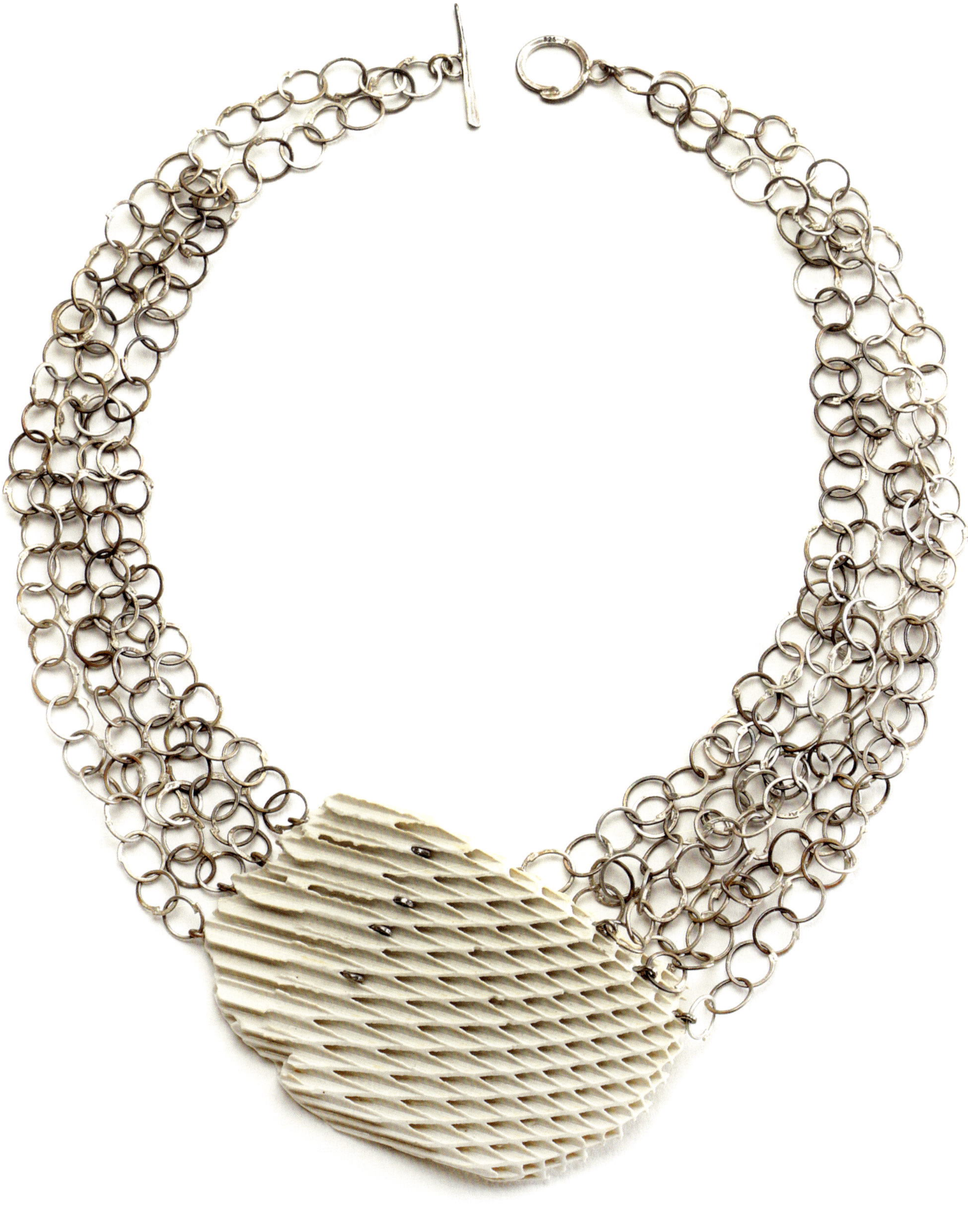

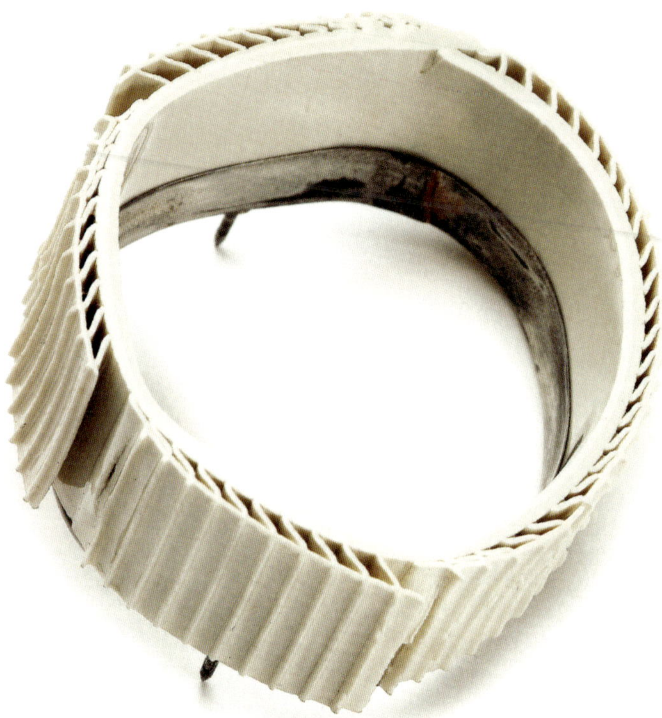

Aufbruch / Fissure
Brosche / brooch, 2016, Porzellan, Silber / porcelain, silver
53 × 50 × 21 mm

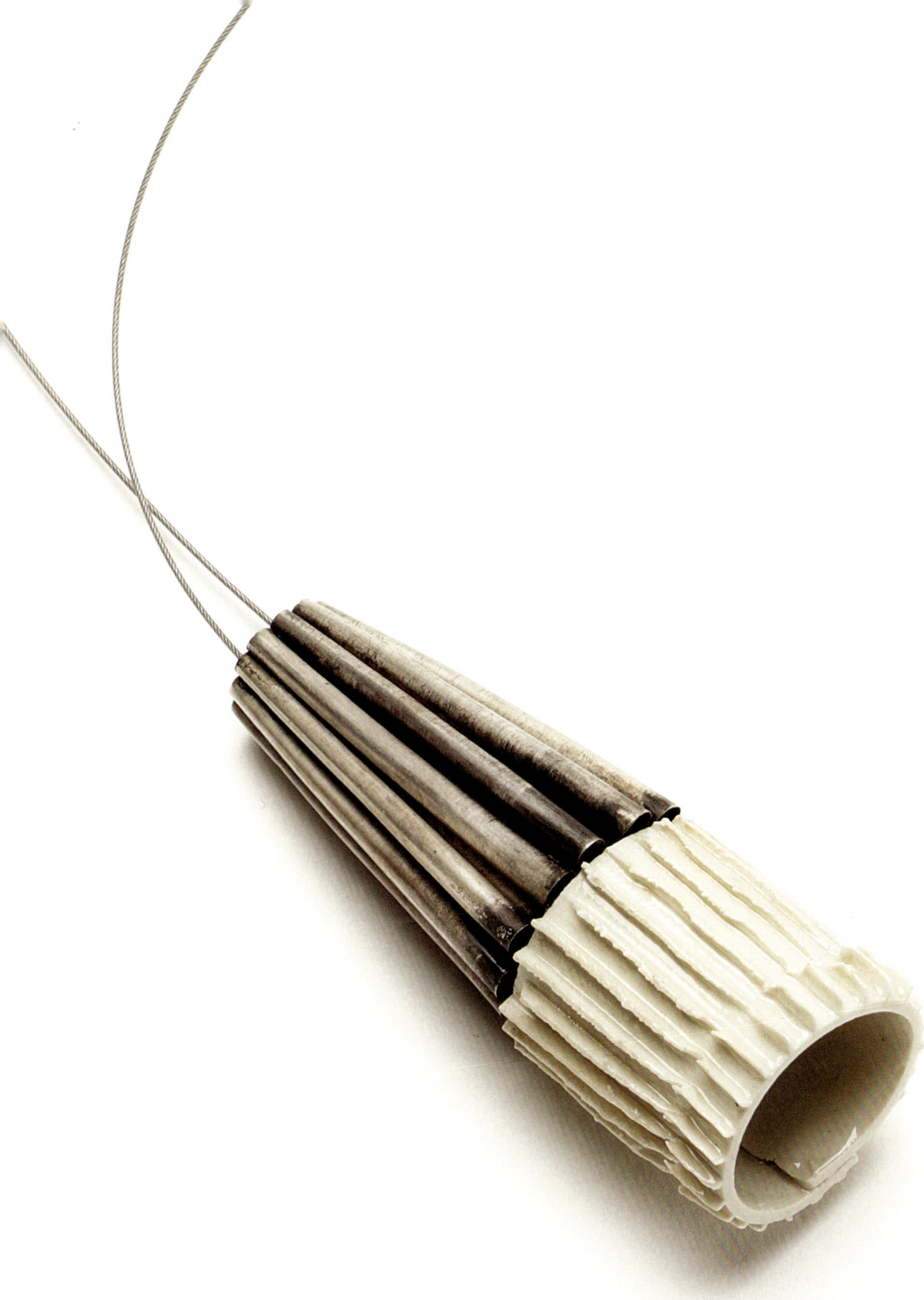

Duo / Duo
Anhänger / pendant, 2015, Porzellan, Silber / porcelain, silver
24 × 24 × 63 mm

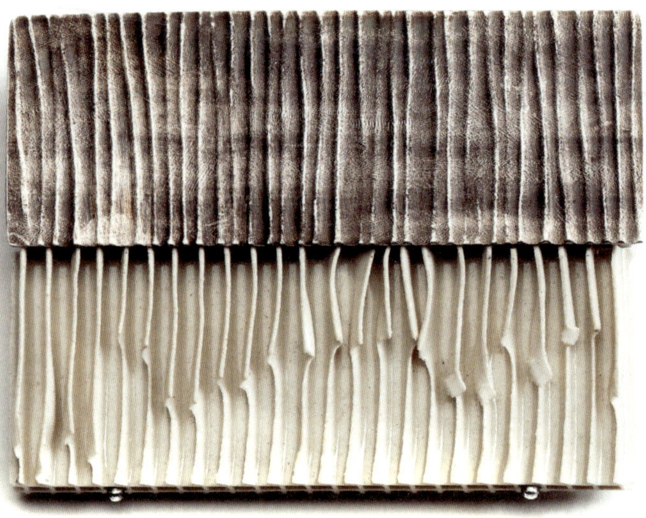

Linien / Lines
Brosche / brooch, 2015, Porzellan, Silber / porcelain, silver
62 × 47 × 8 mm

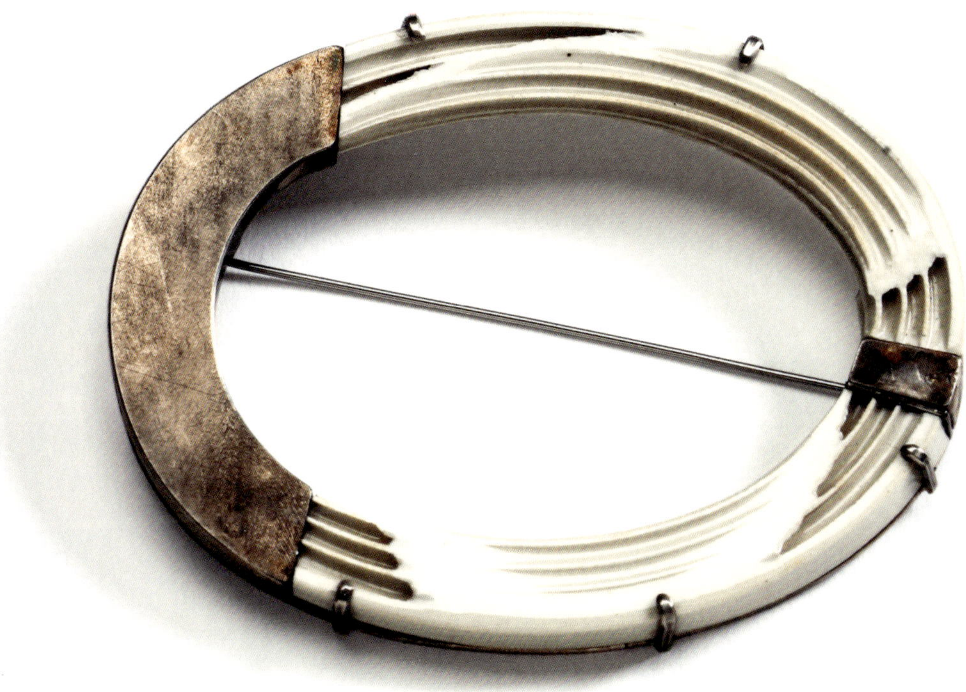

Oval / Oval
Brosche / brooch, 2015, Porzellan, Silber / porcelain, silver
83 x 66 x 8 mm

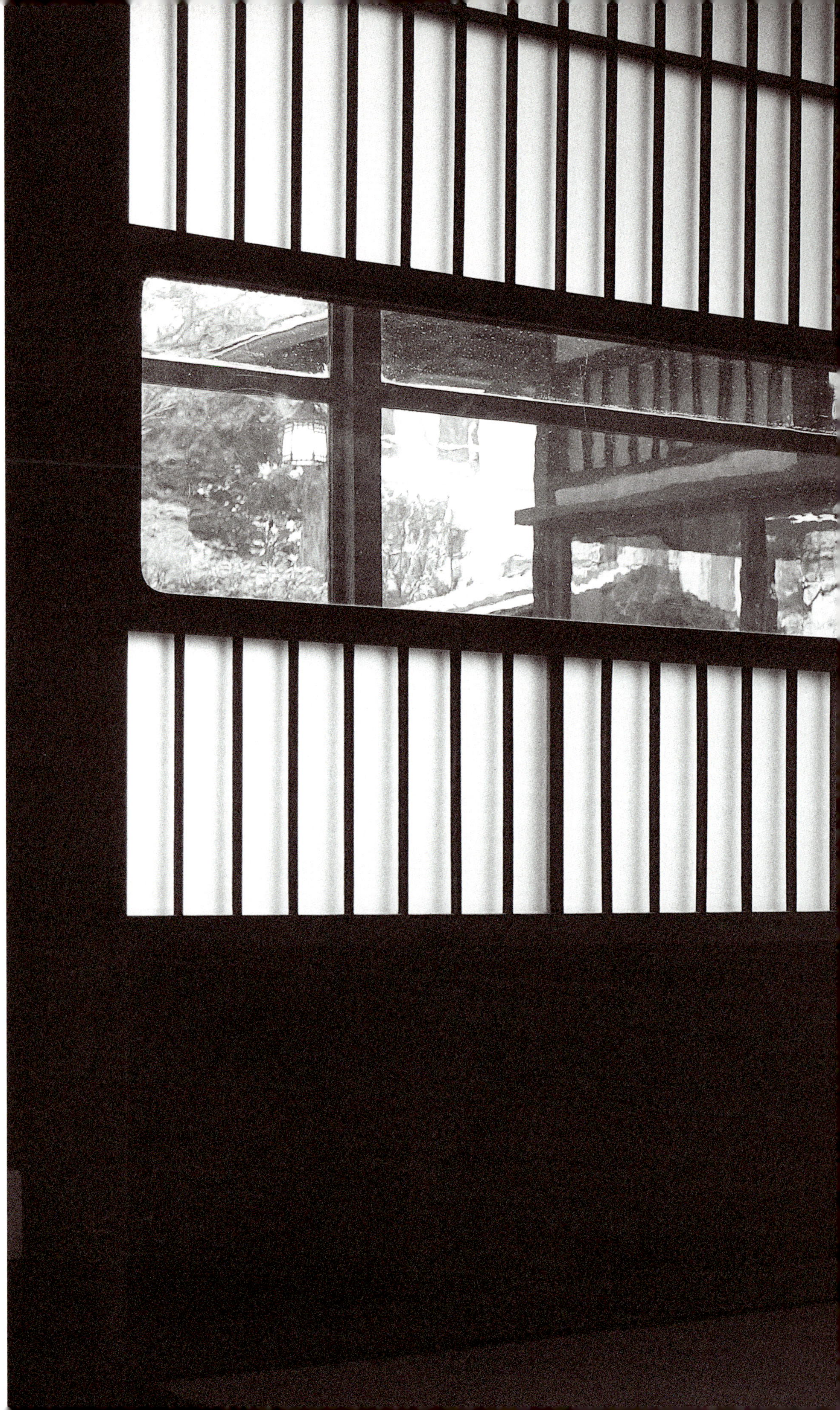

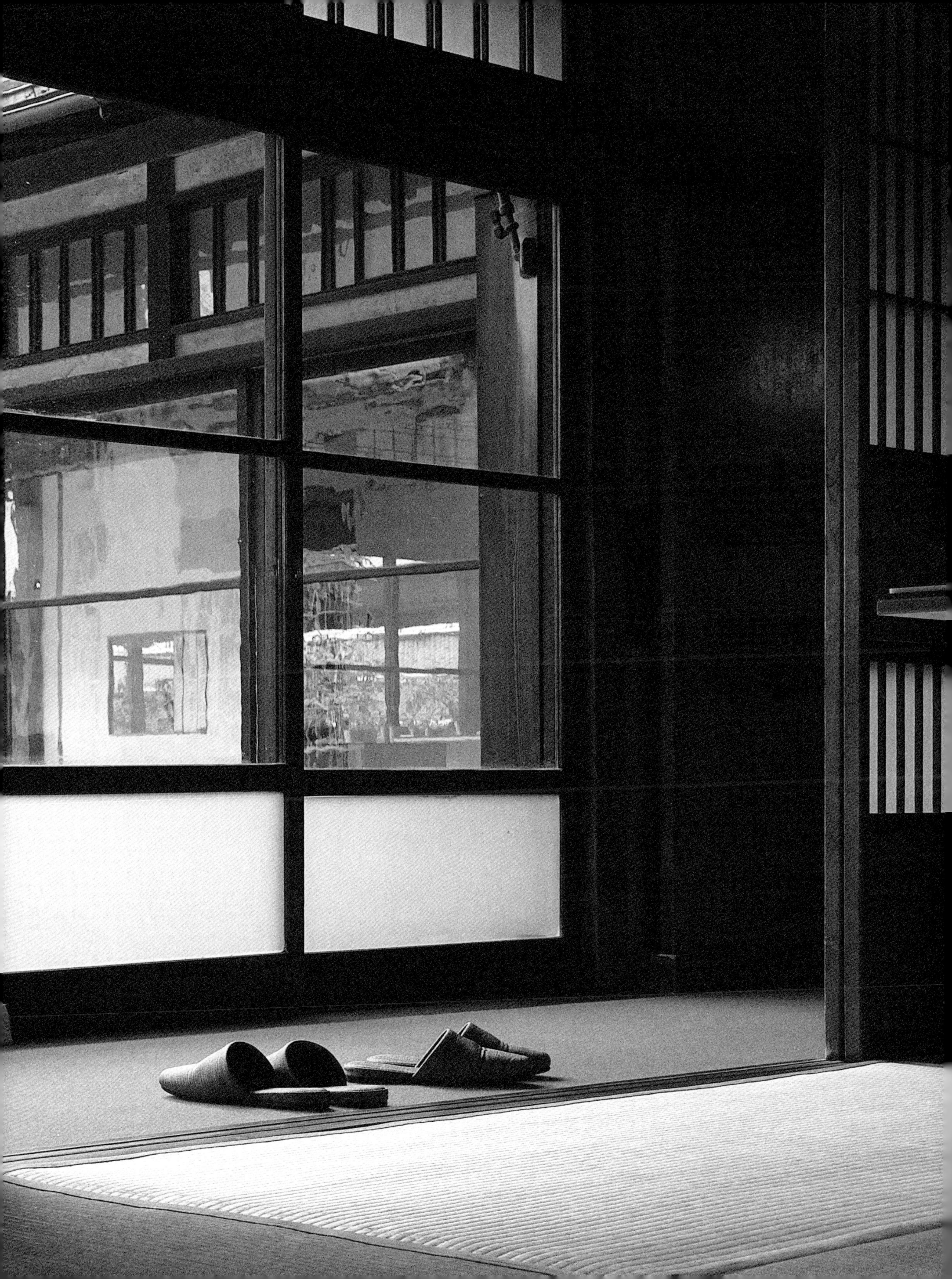

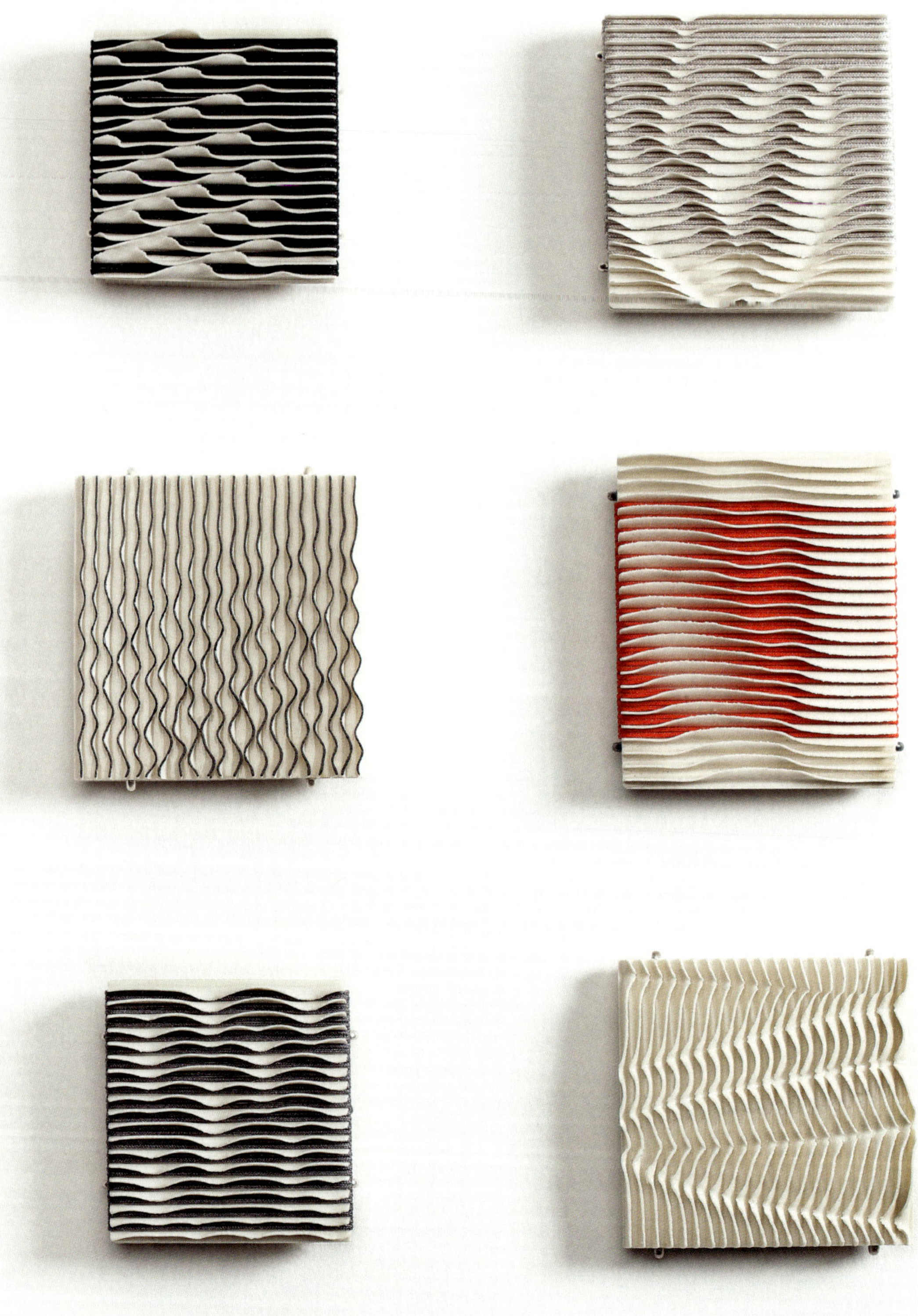

Bewegte Bilder / Moving Pictures
Broschen / brooches, 2016–2020, Porzellan, Silber, Schnur / porcelain, silver, thread
57 x 54 x 7 mm (Brosche linke Seite, Mitte links / left page, centre left brooch)

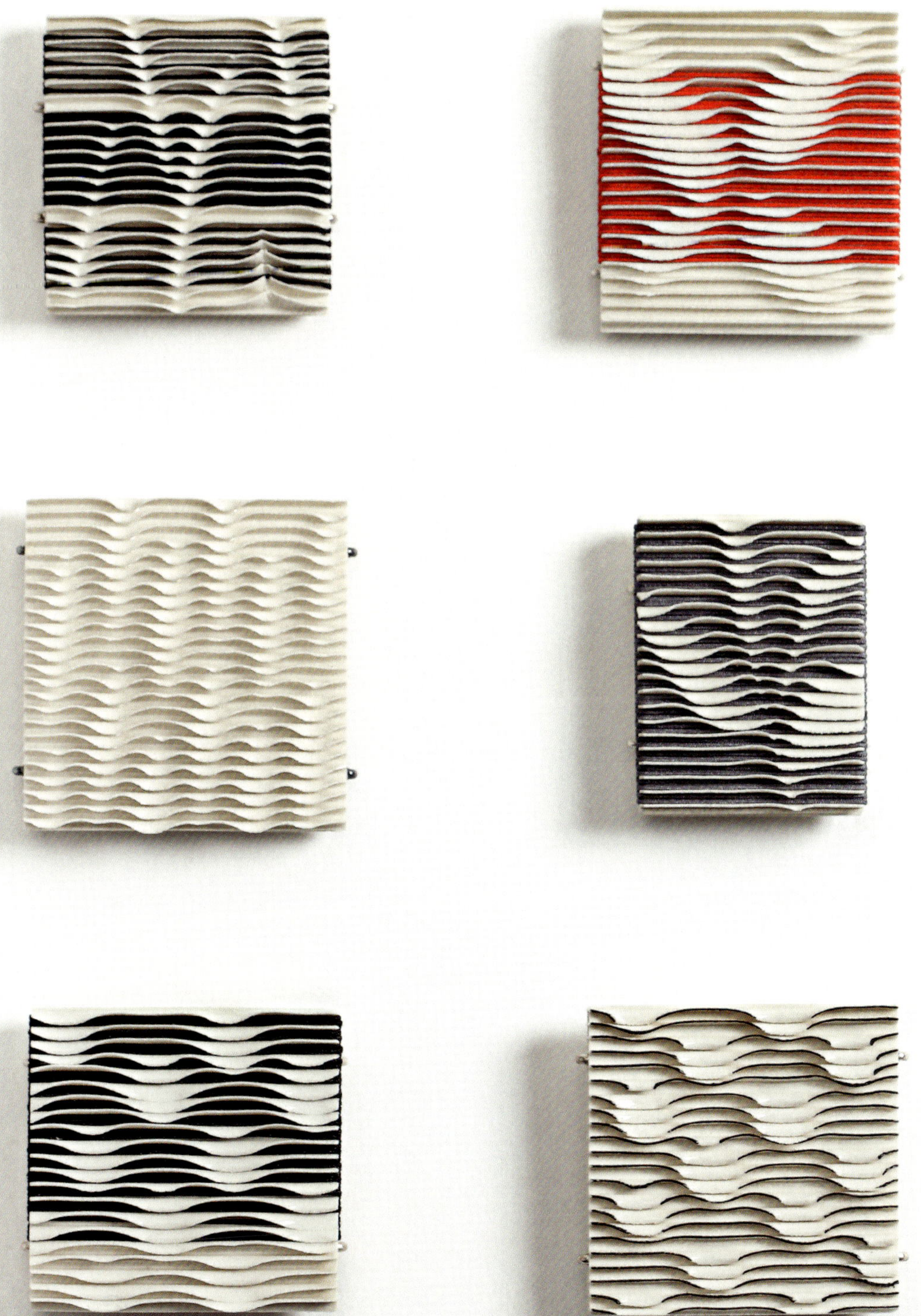

Föhren / Pine Needles
Halsschmuck / necklace, 2016, Silber / silver
320 × 235 × 20 mm

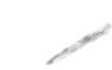

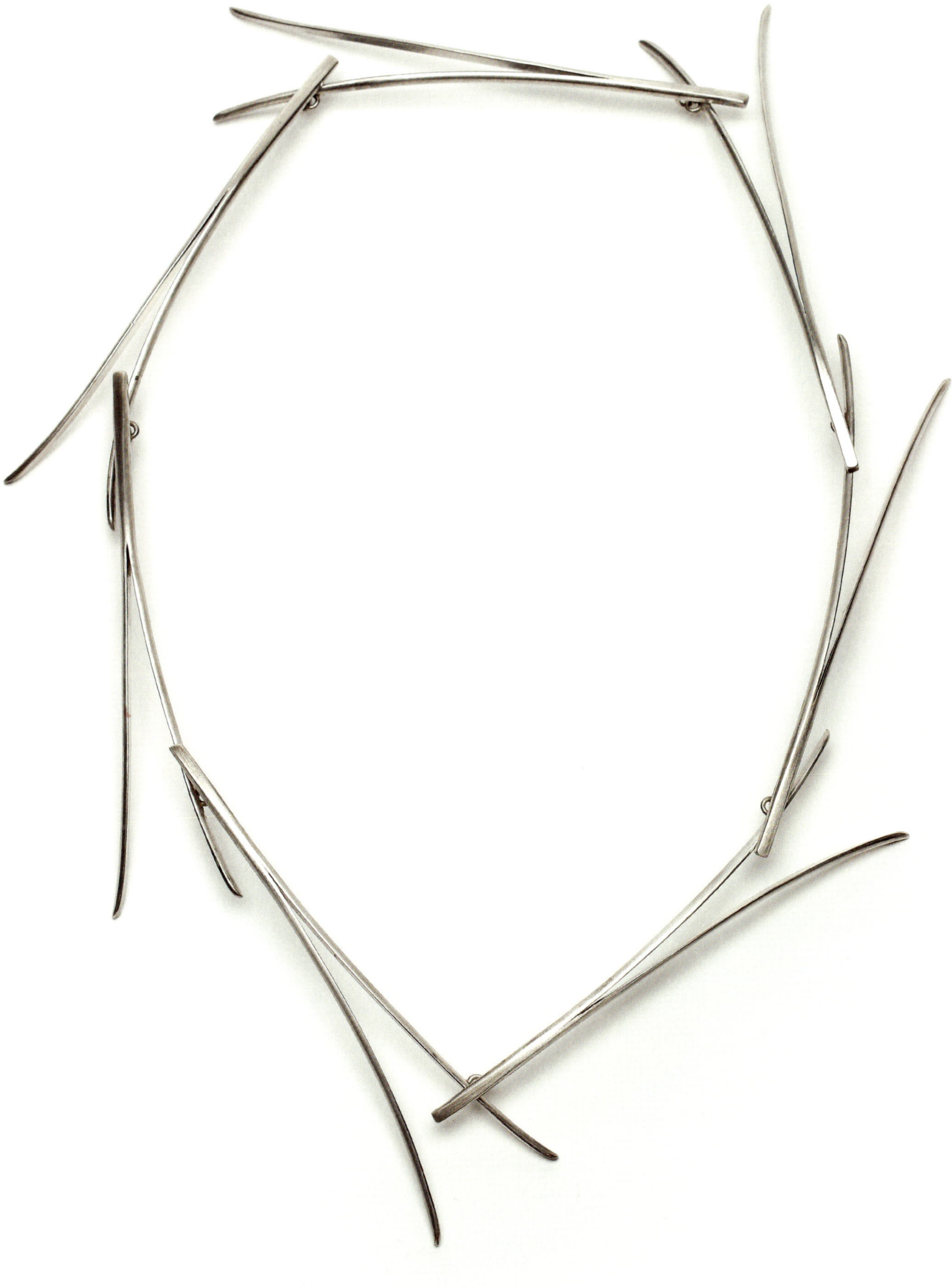

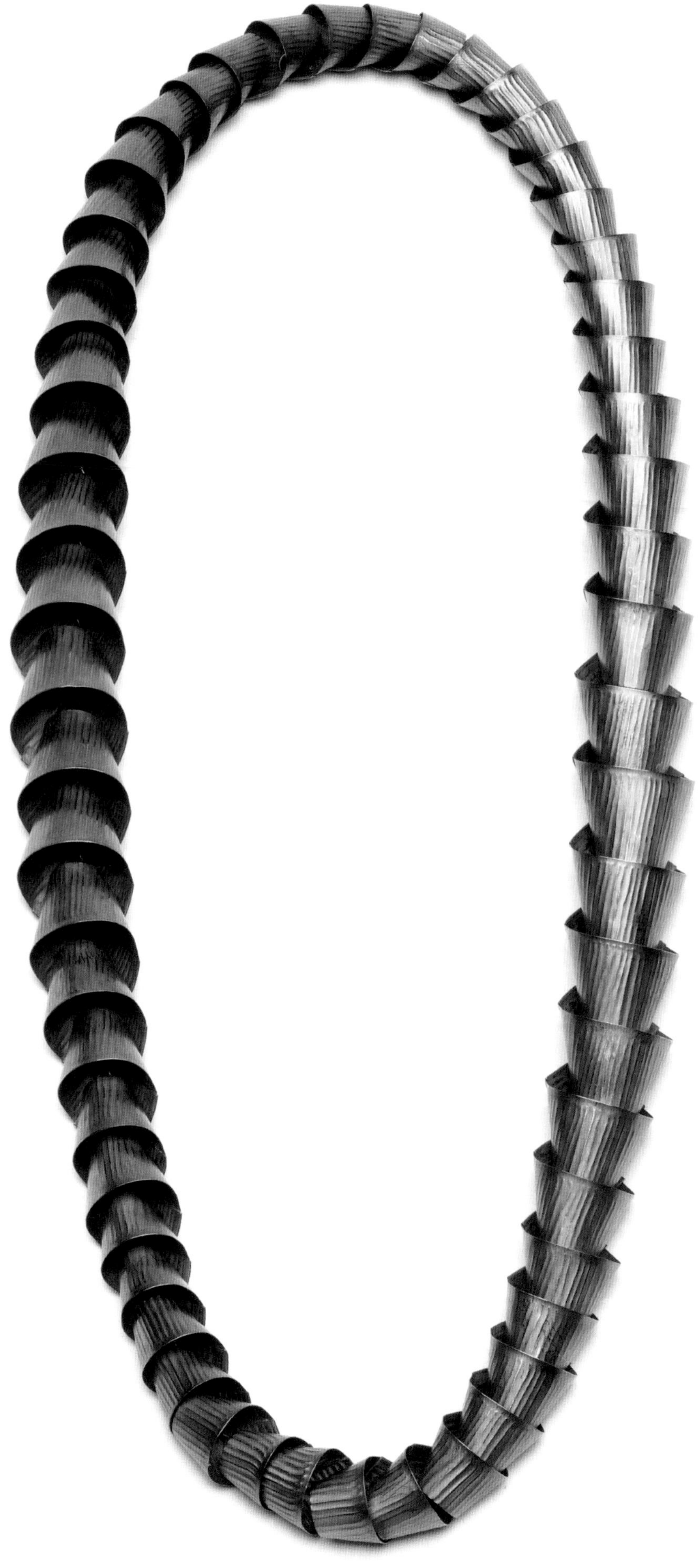

Regenfänger / Rainwater Catcher
Halsschmuck / necklace, 2016, Silber / silver
340 × 140 × 18 mm

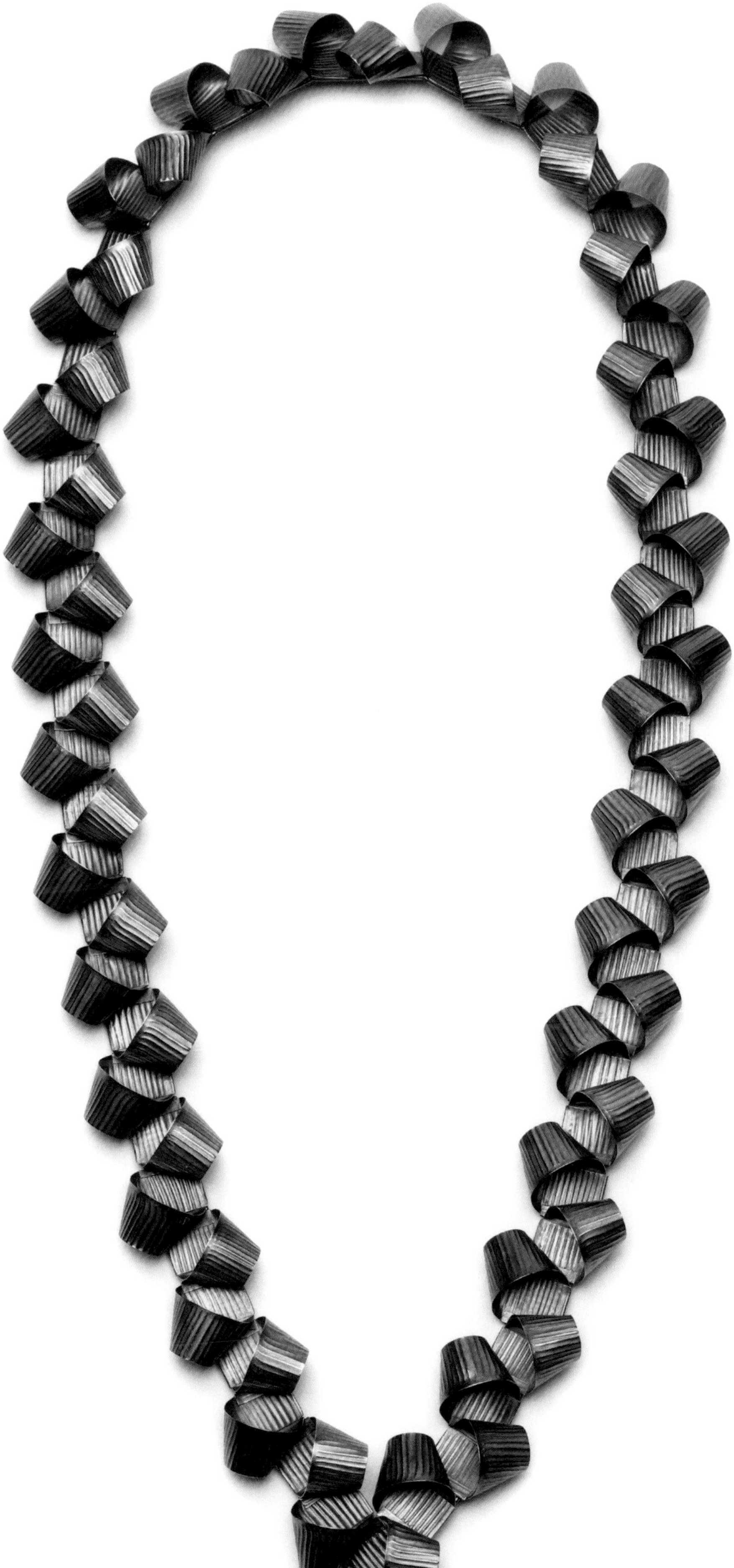

Omikuji-Sammlung / Omikuji Collection
Halsschmuck / necklace, 2016, Silber / silver
370 × 170 × 20 mm

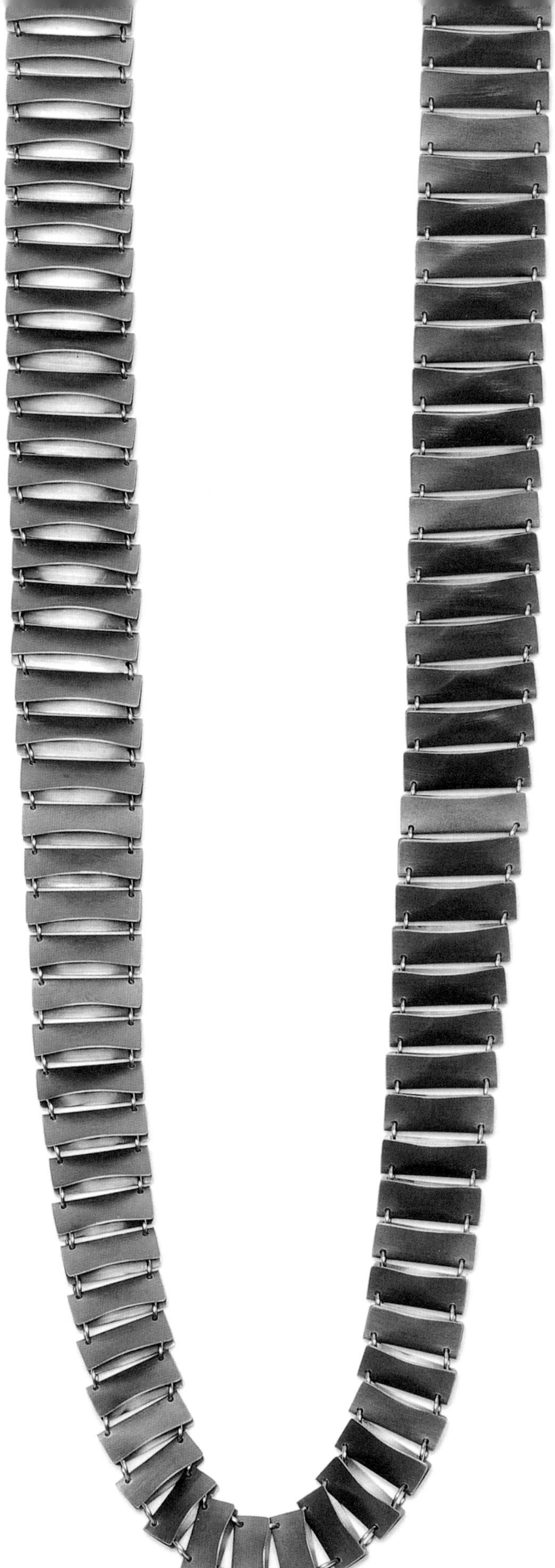

Geophilus / Geophilus
Halsschmuck / necklace, 2020, Titan / titanium
460 × 120 × 6 mm

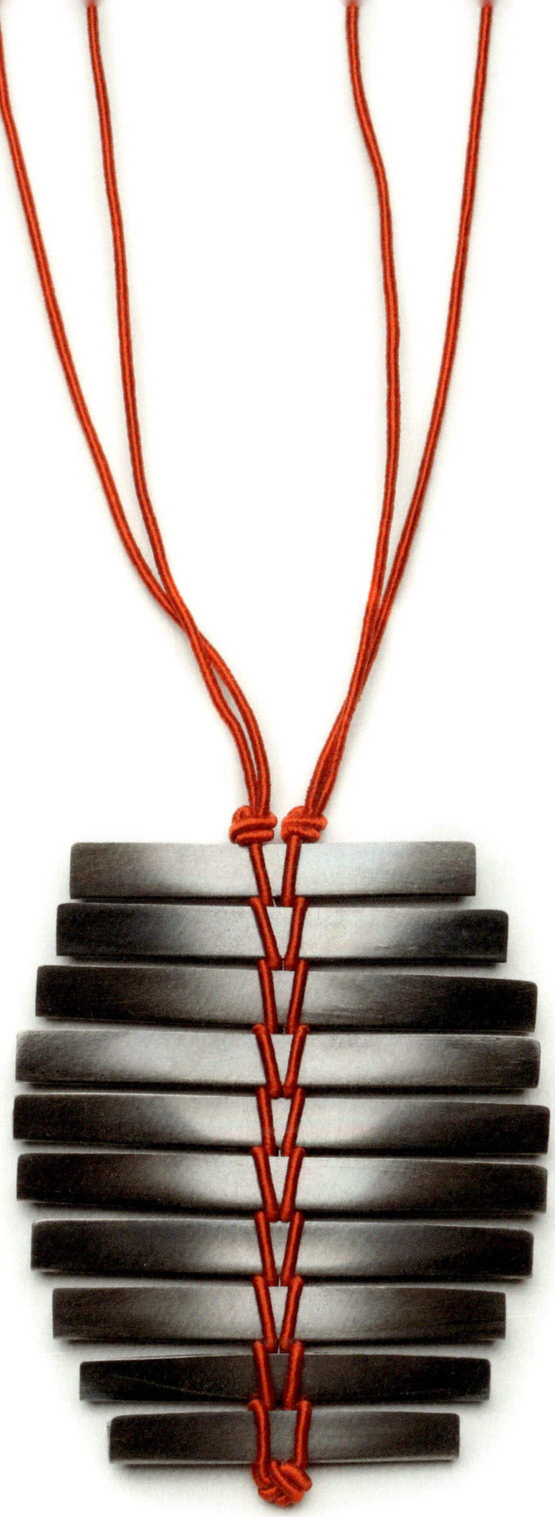

Samurai / Samurai
Anhänger / pendant, 2016, Titan, Schnur / titanium, thread
56 × 70 × 6 mm

Knoten / **Knot**
Brosche / brooch, 2017, Titan / titanium
103 × 35 × 20 mm

Wächter / **Guardian**
Brosche / brooch, 2017, Titan / titanium
58 × 77 × 18 mm

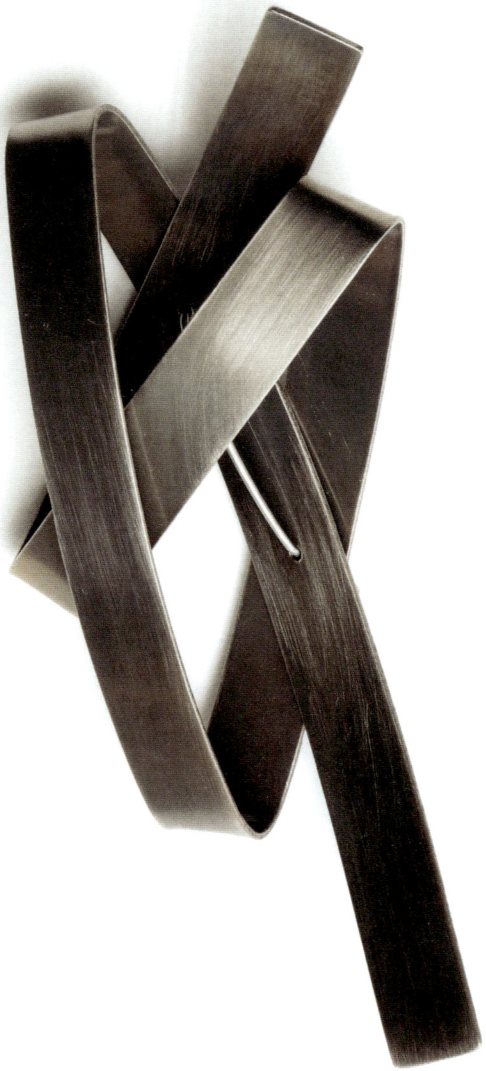

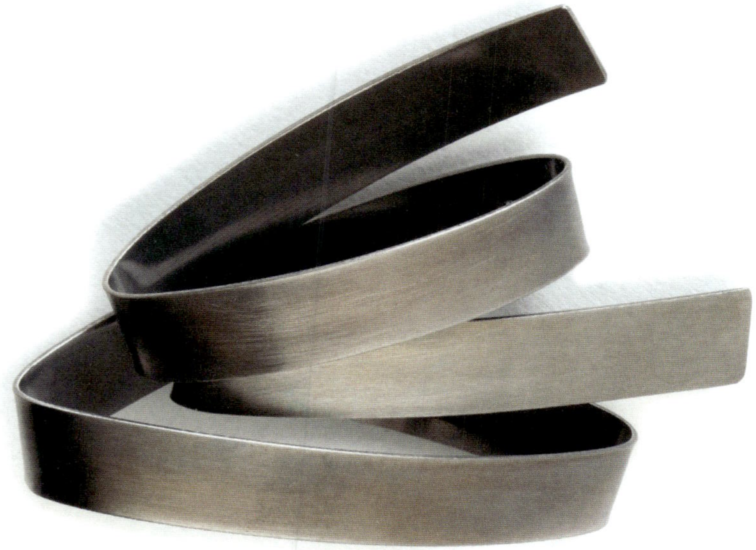

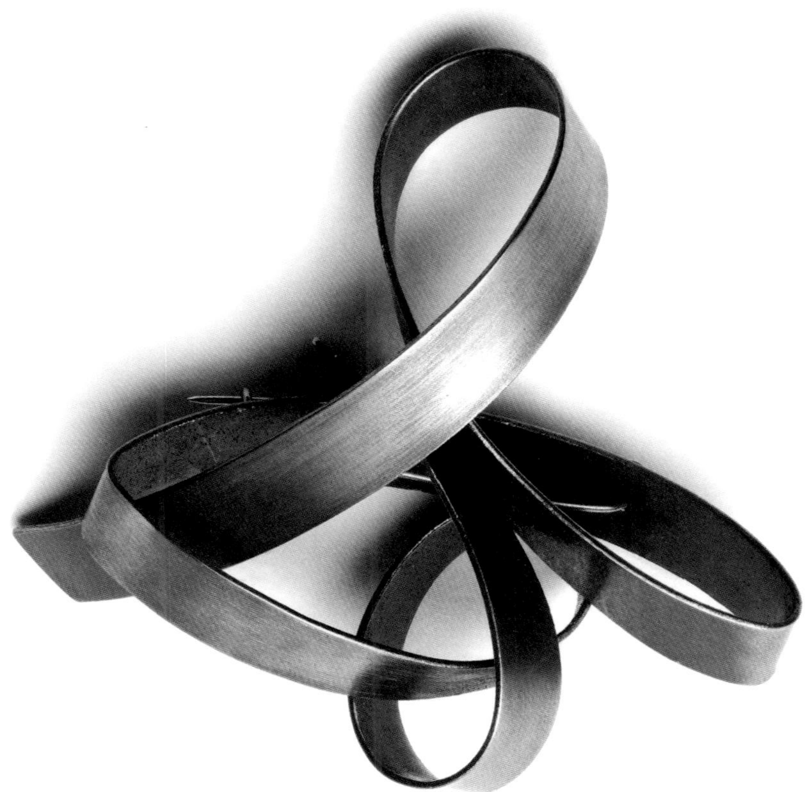

Kanji / **Kanji**
Brosche / brooch, 2017, Titan / titanium
61 × 66 × 23 mm

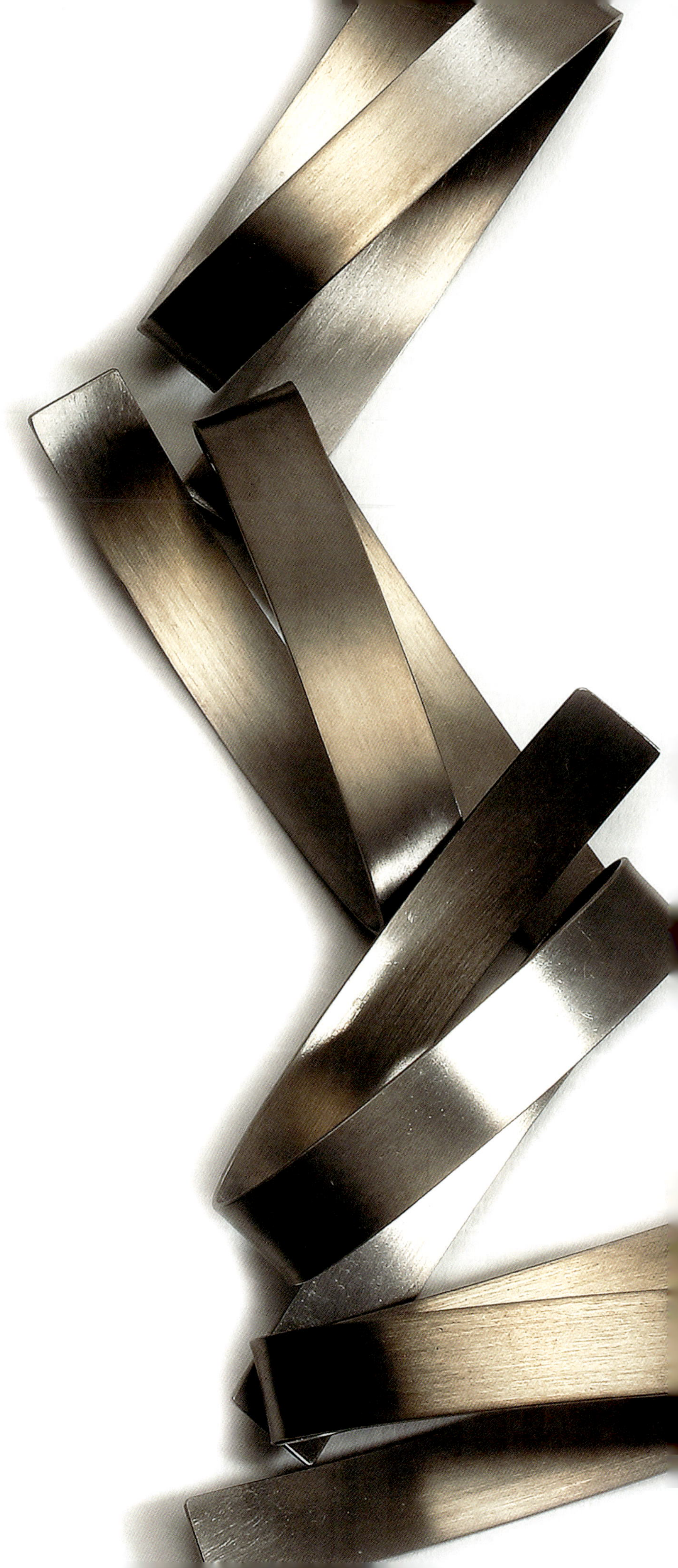

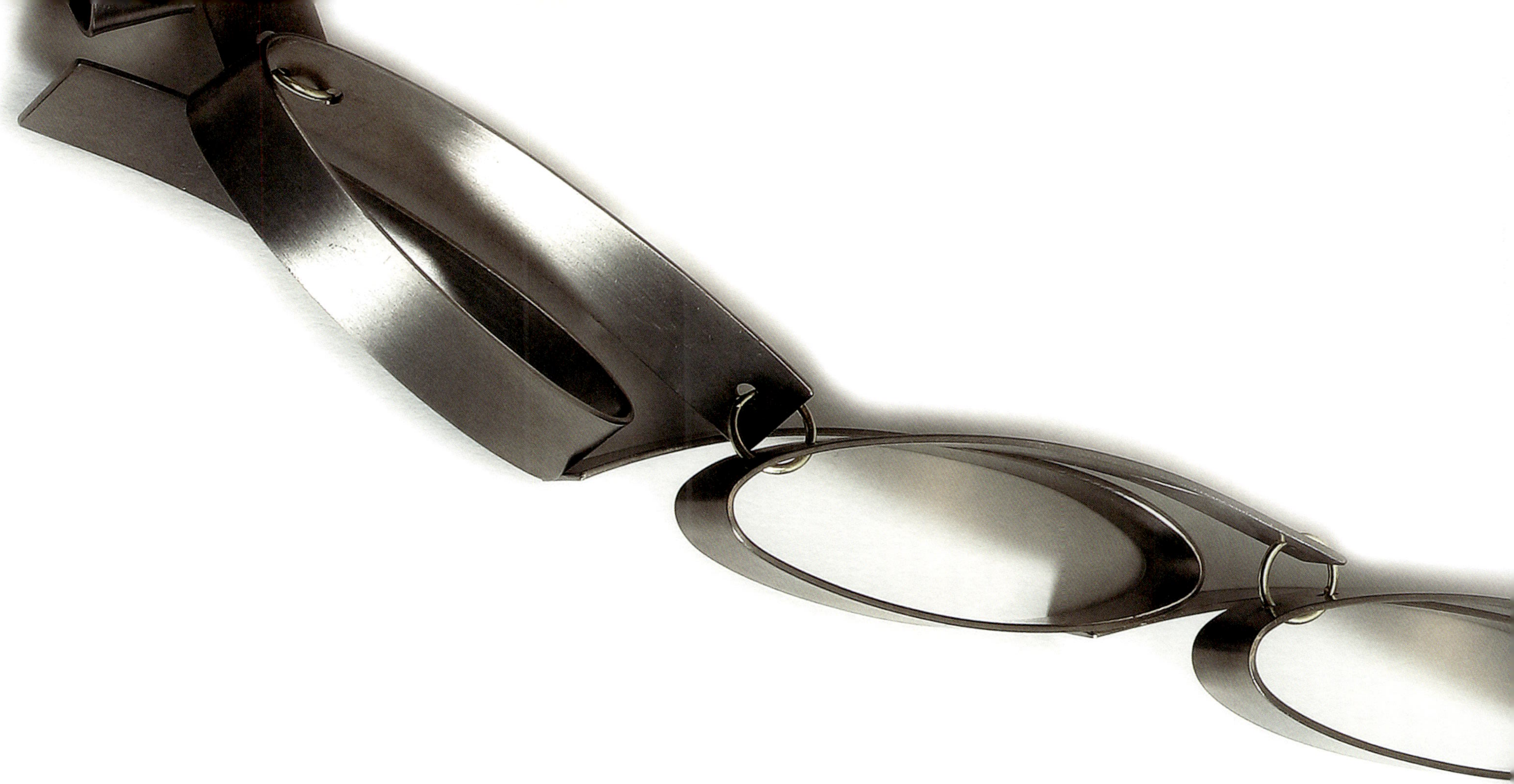

Fließend / Flowing
Halsschmuck / necklace (Detail / detail), 2017, Titan, Gold / titanium, gold
400 × 160 × 16 mm

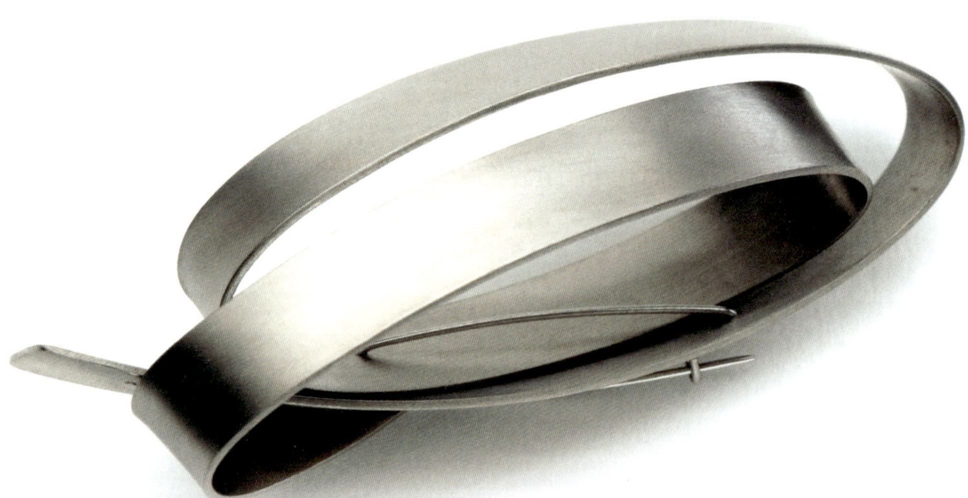

Saturn / Saturn
Brosche / brooch, 2018, Titan / titanium
85 x 26 x 30 mm

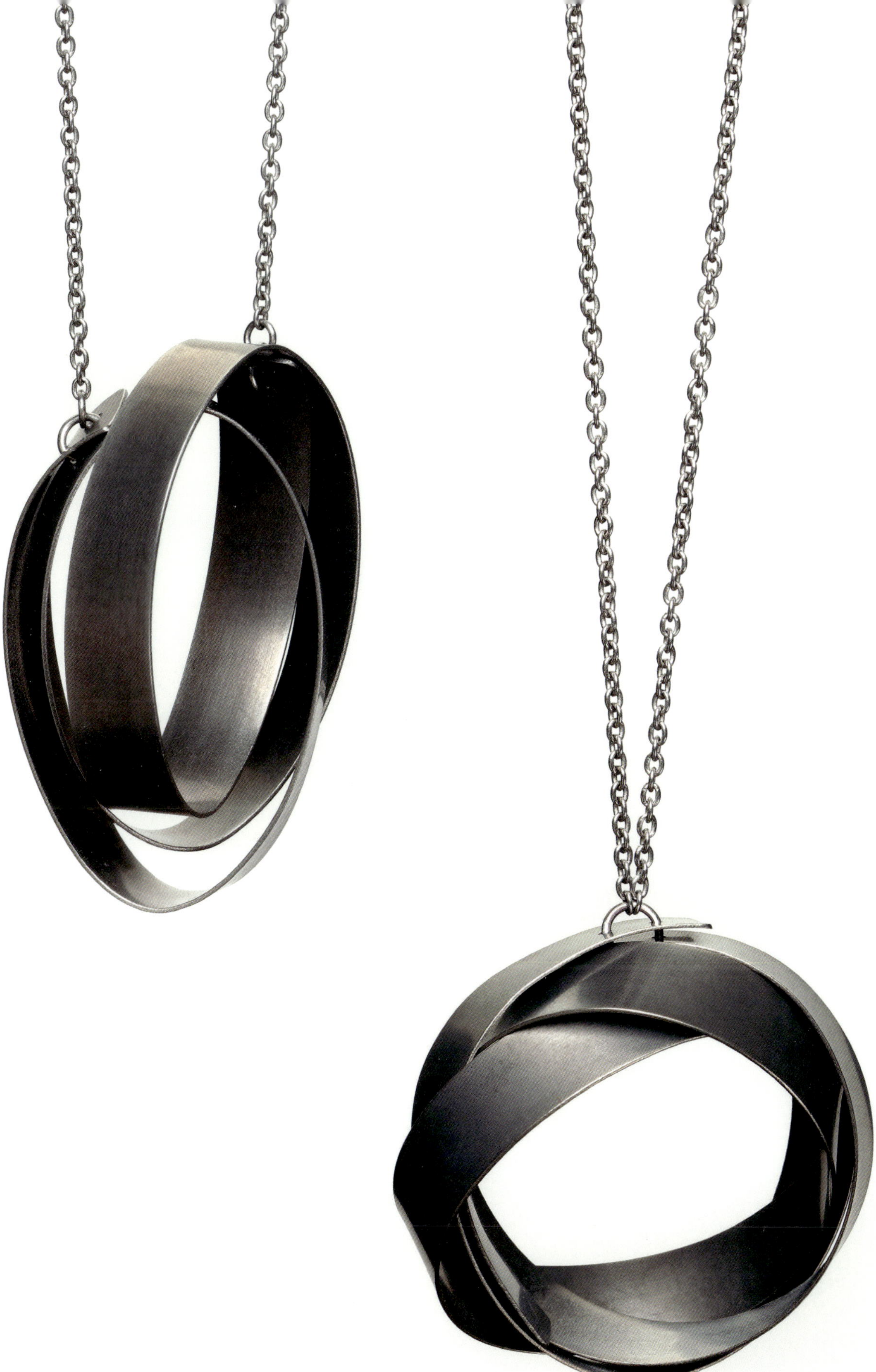

Kokon / **Cocoon**
Anhänger / pendant, 2019, Titan / titanium
38 × 68 × 36 mm

Nest / **Nest**
Anhänger / pendant, 2019, Titan / titanium
52 × 52 × 23 mm

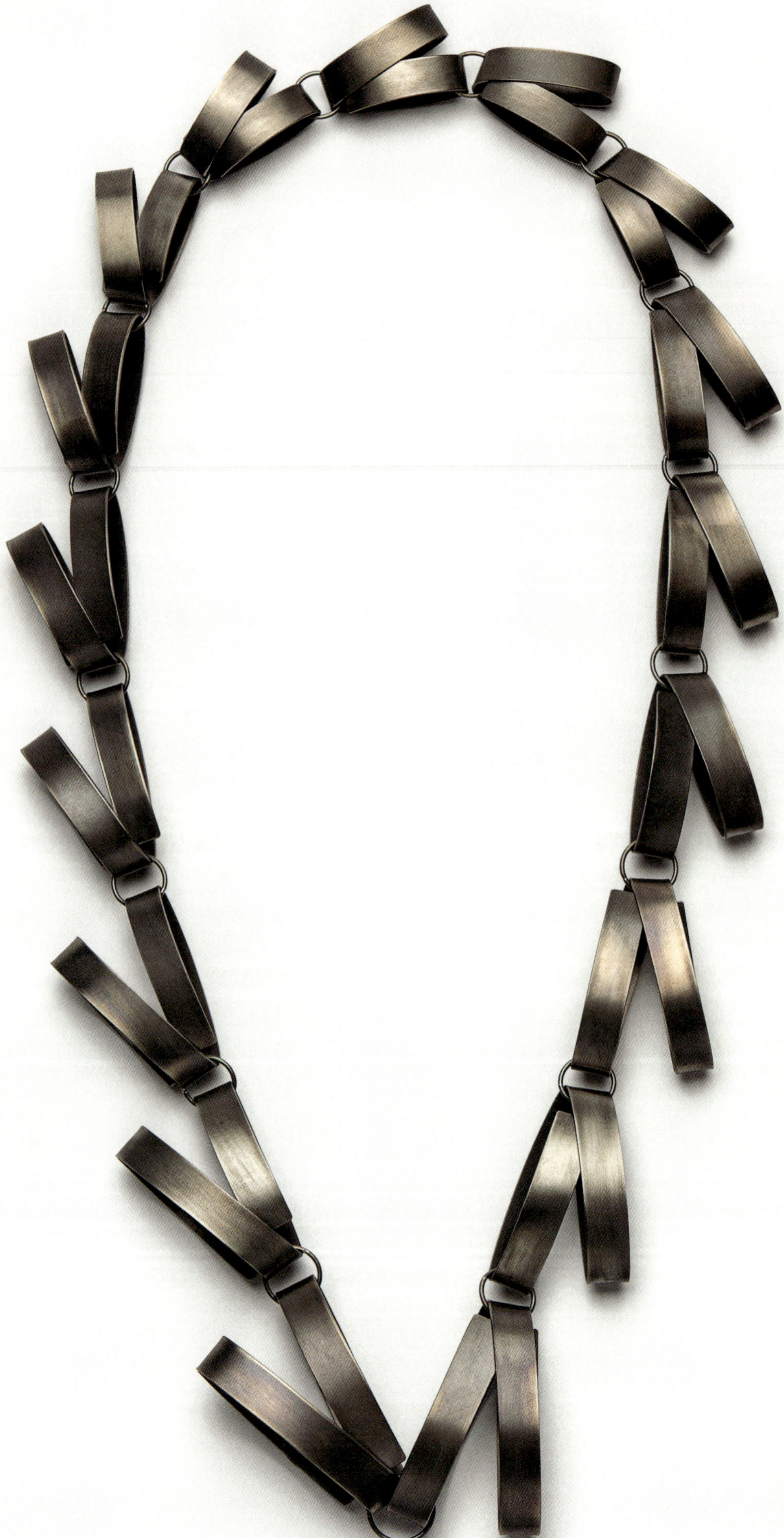

Schwarm / Swarm
Halsschmuck / necklace, 2019, Titan / titanium
330 × 150 × 18 mm

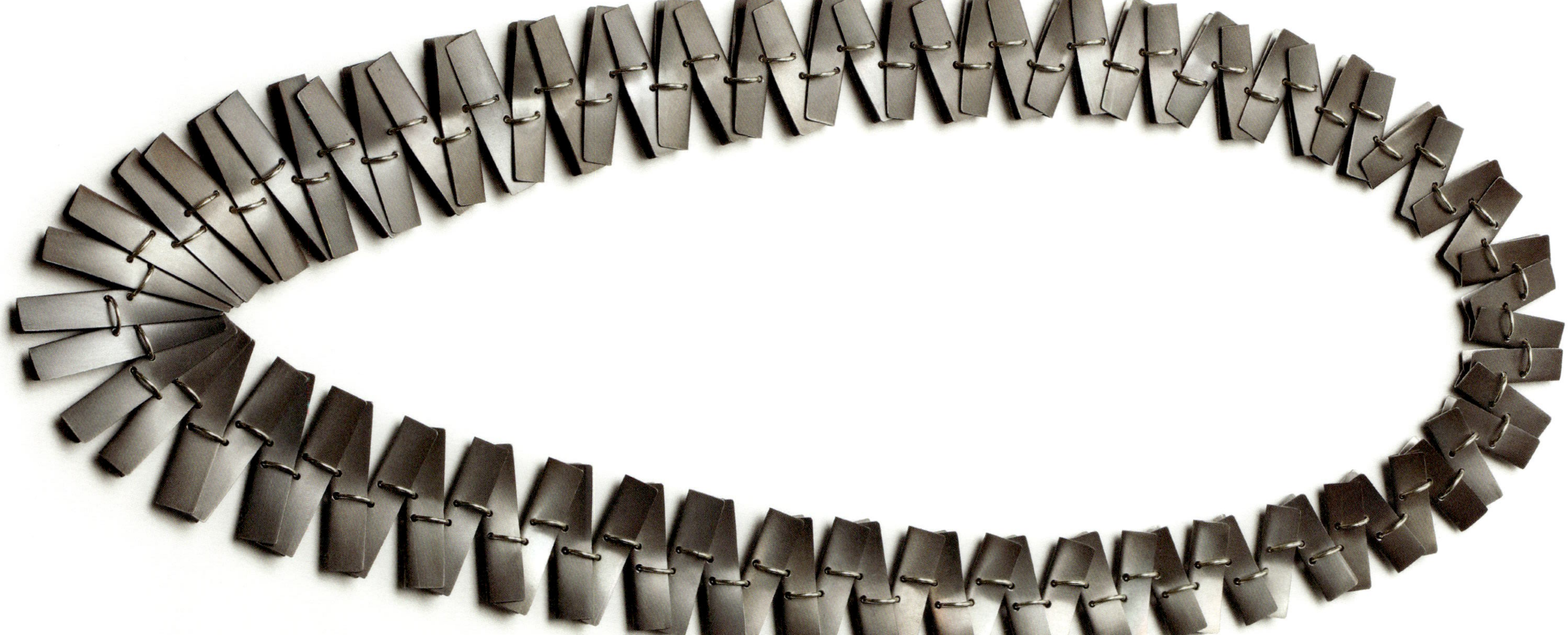

Farn / Fern
Halsschmuck / Necklace, 2019, Titan, Gold / titanium, gold
370 × 150 × 8 mm

Gürteltier / **Armadillo**
Anhänger / pendant, 2019, Titan / titanium
52 x 135 x 5 mm

Trilobit / **Trilobite**
Anhänger / pendant, 2019, Titan / titanium
60 x 72 x 6 mm

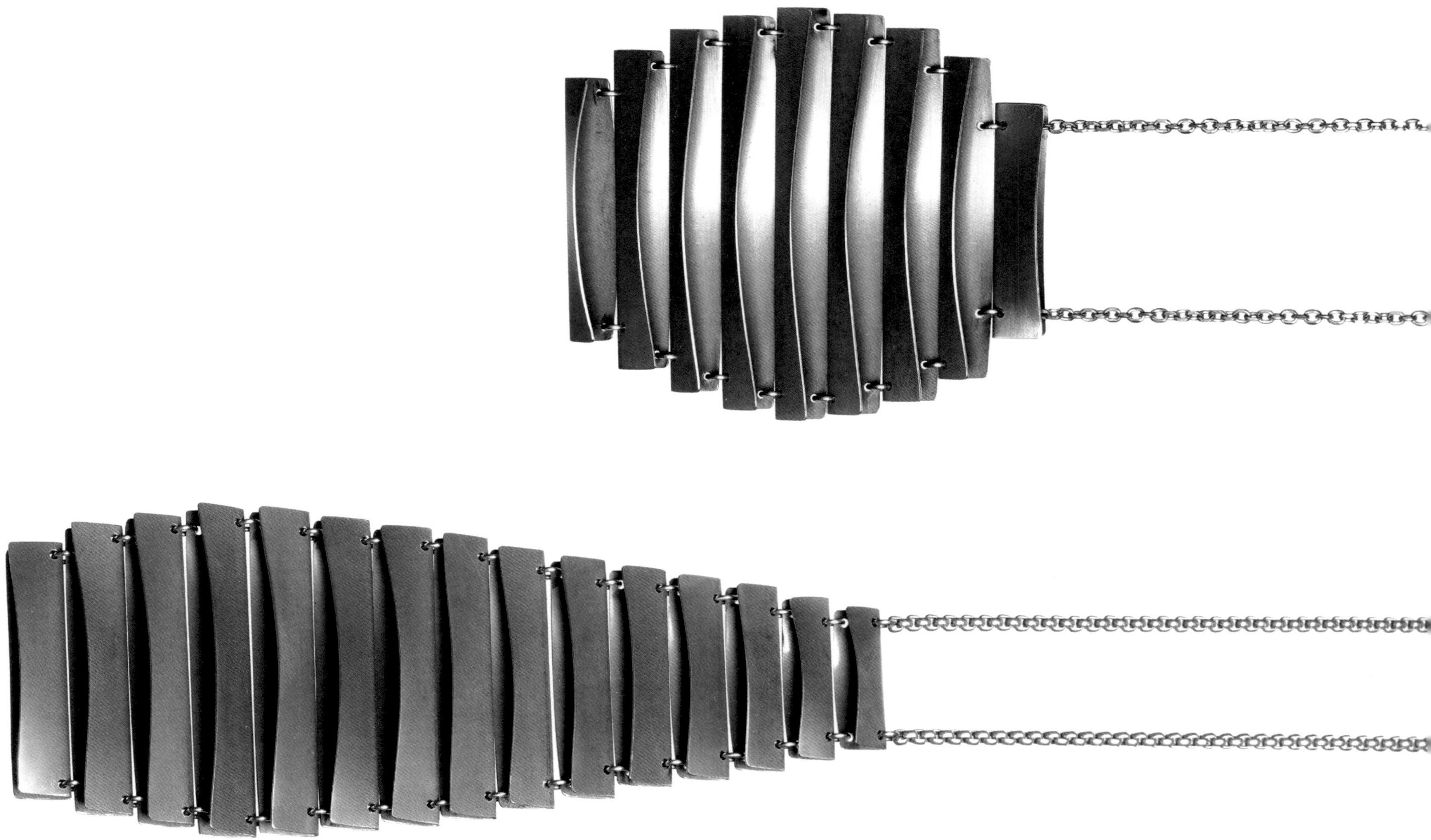

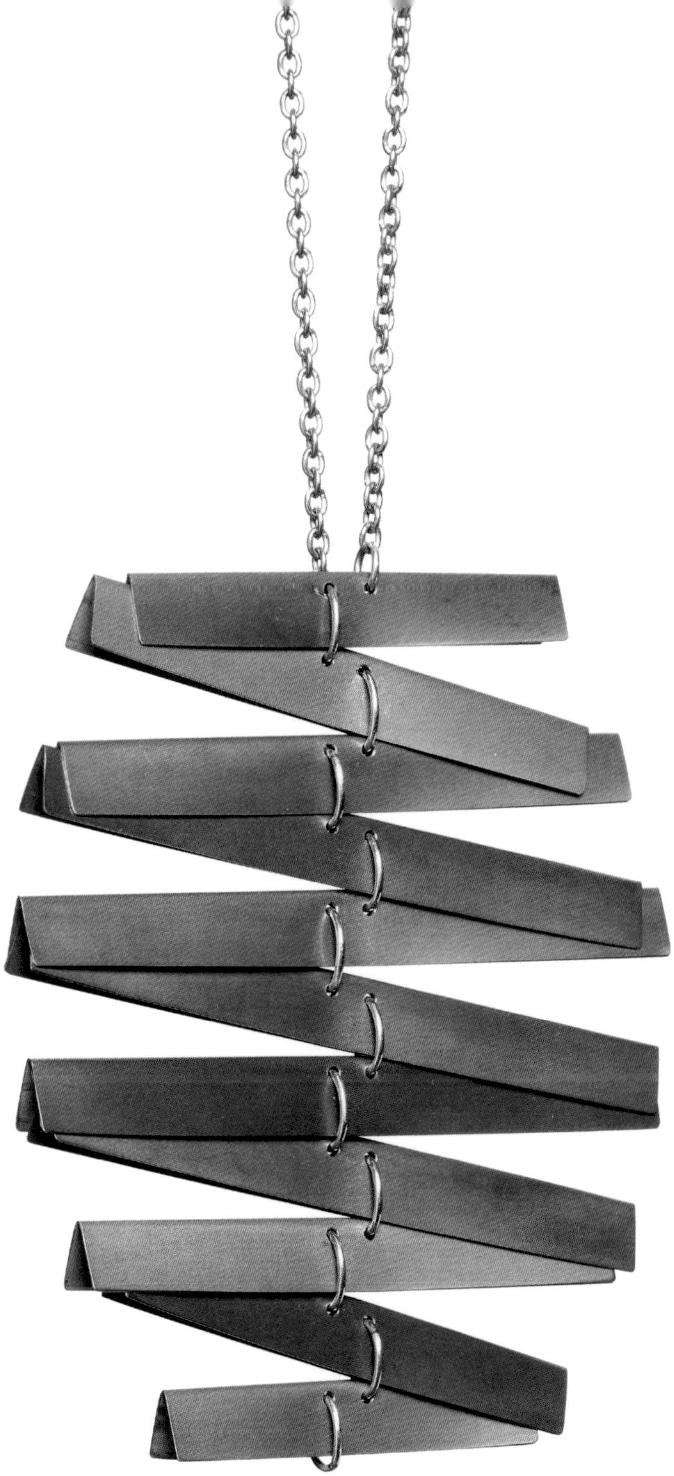

Serpentina / Serpentina
Anhänger / pendant, 2019, Titan, Gold / titanium, gold
85 × 105 × 8 mm

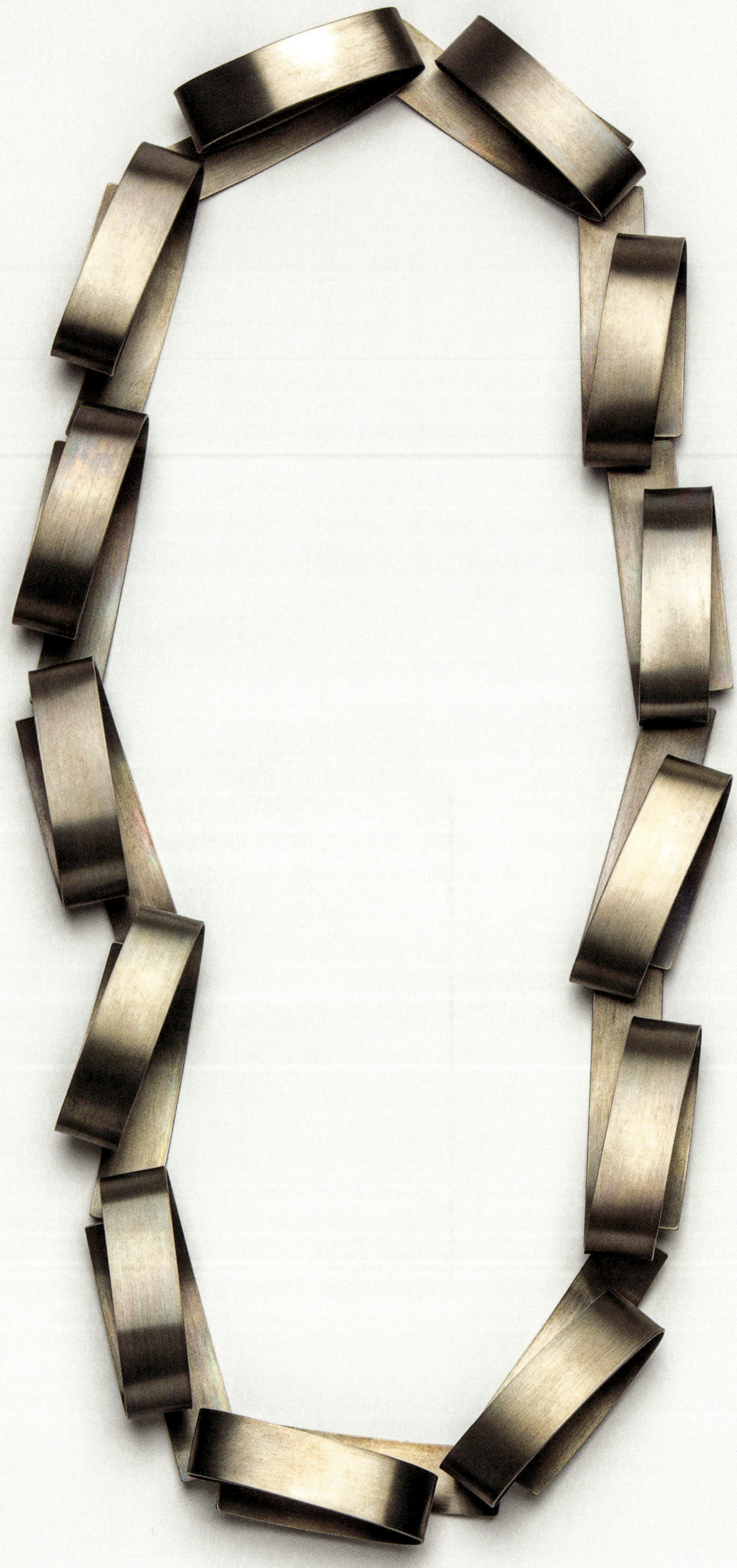

Schlingen / Slings
Halsschmuck / necklace, 2017, Titan, Gold / titanium, gold
340 × 170 × 17 mm

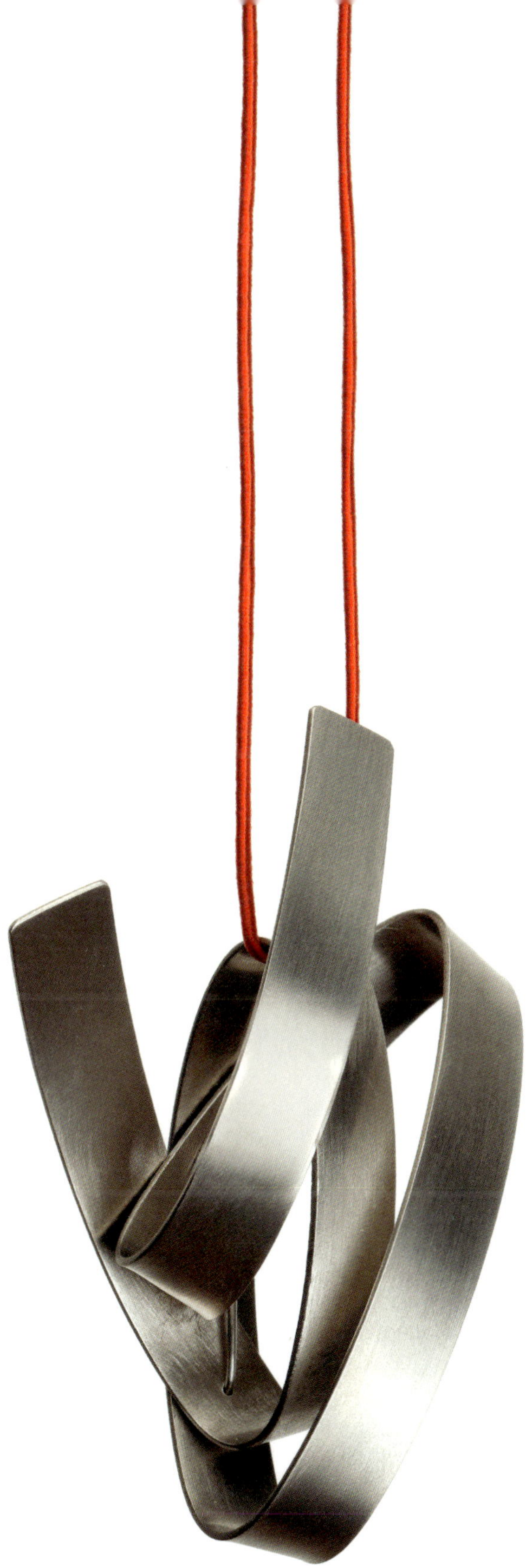

Ora / Ora
Brosche, Anhänger / brooch, pendant, 2018, Titan, Schnur / titanium, thread
53 × 78 × 24 mm

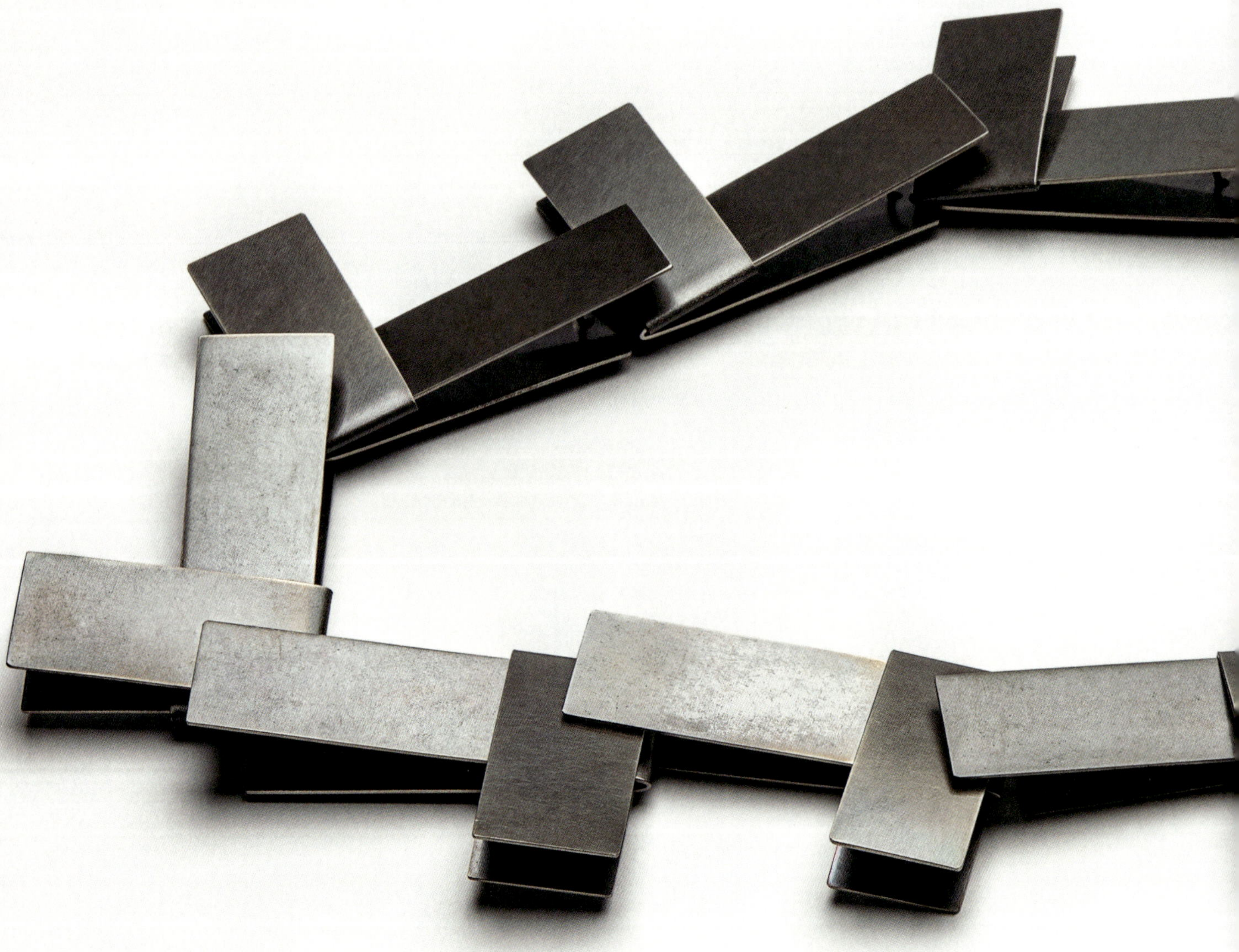

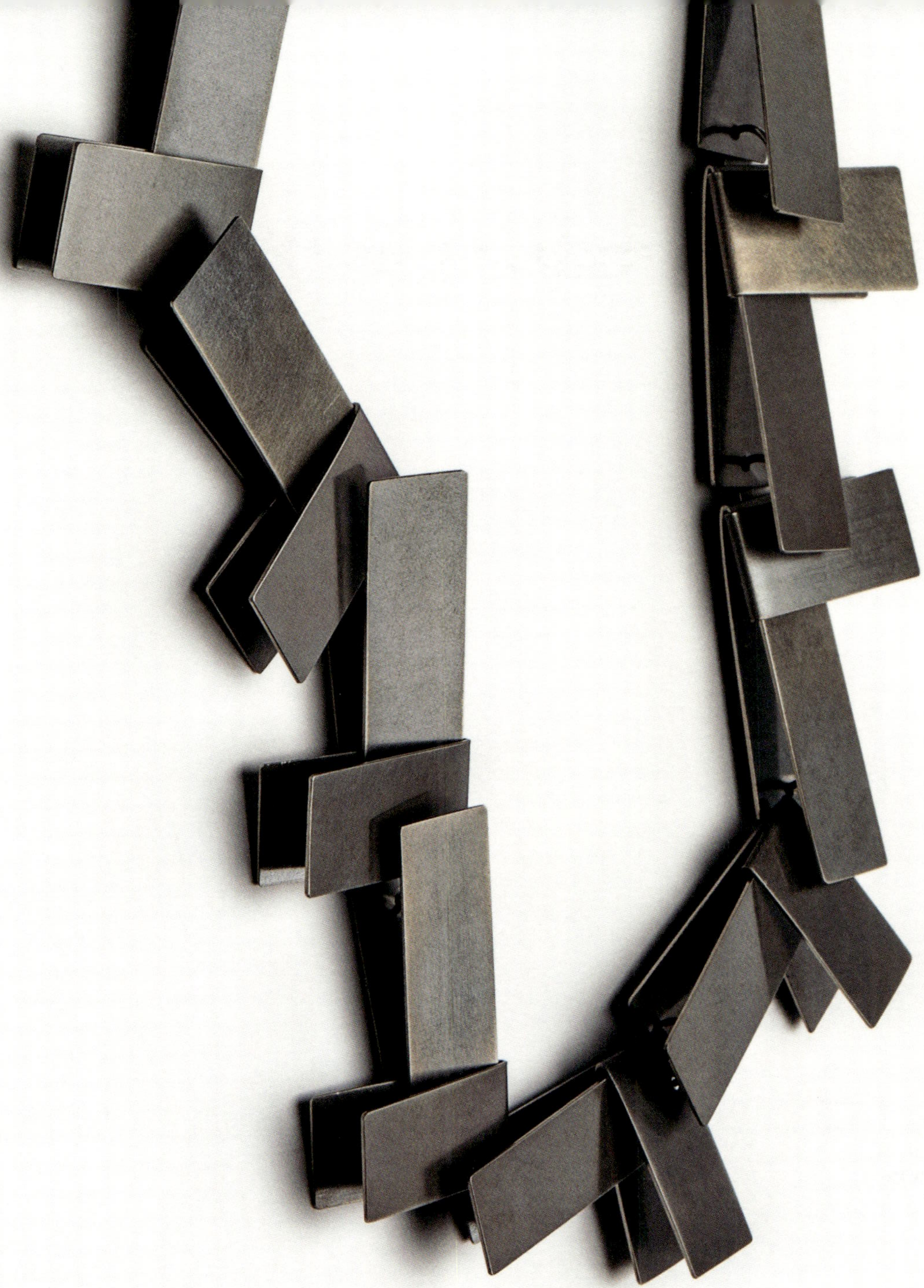

Winkel / **Angles**
Halsschmuck / necklace, 2020, Titan / titanium
360 × 160 × 10 mm

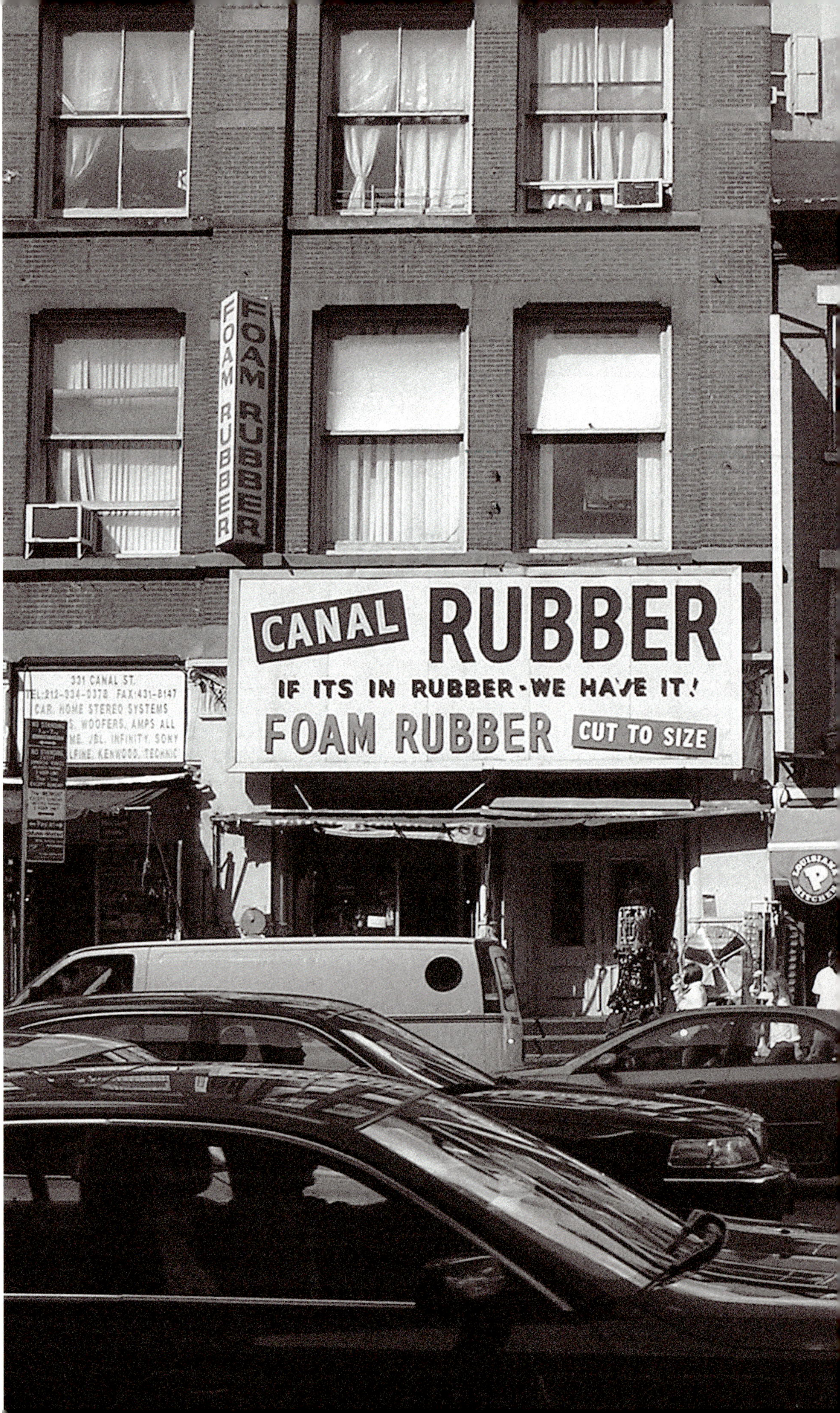
FOAM RUBBER
CANAL RUBBER
IF ITS IN RUBBER-WE HAVE IT!
FOAM RUBBER
CUT TO SIZE
331 CANAL ST.

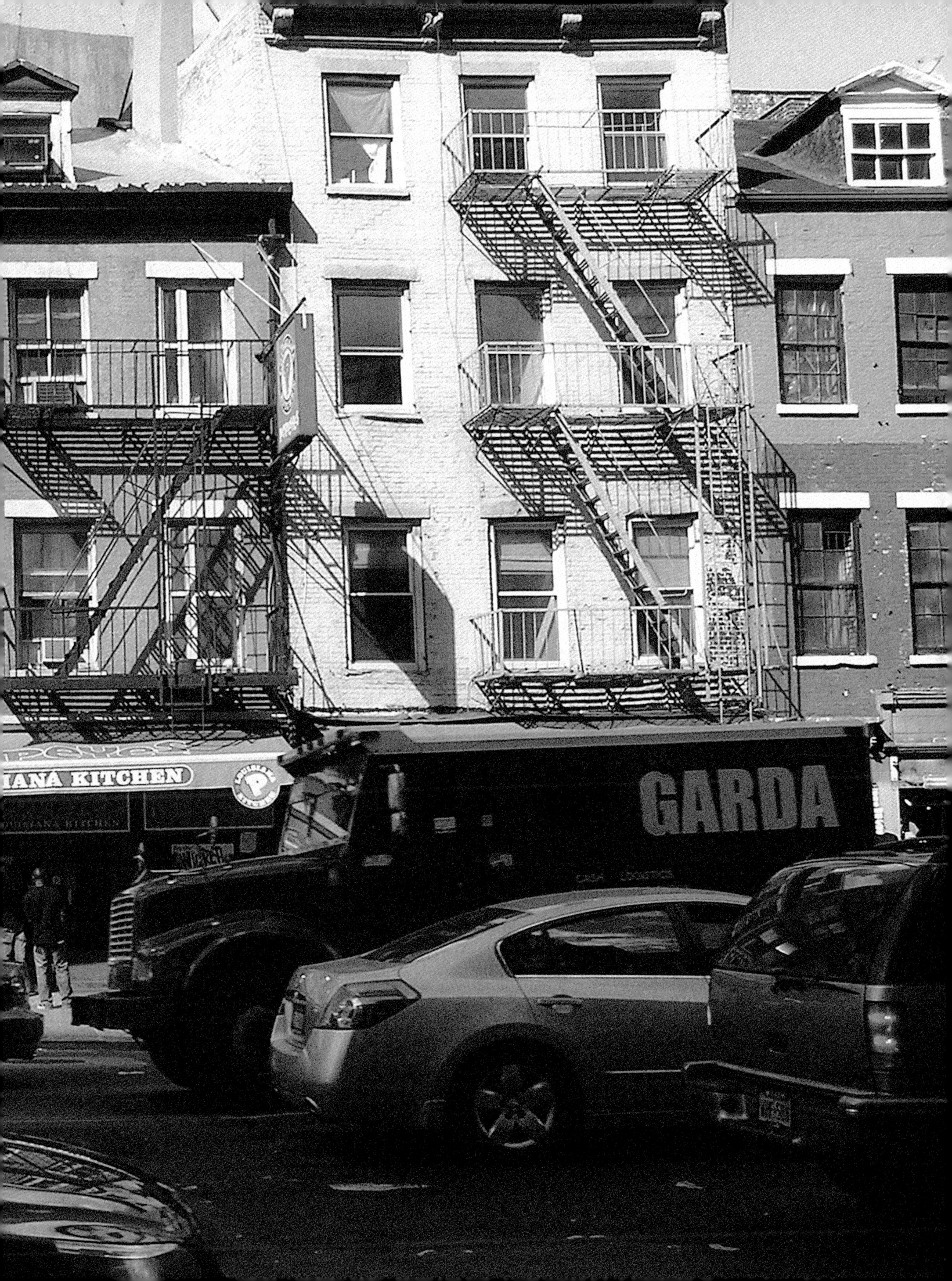
IANA KITCHEN
GARDA

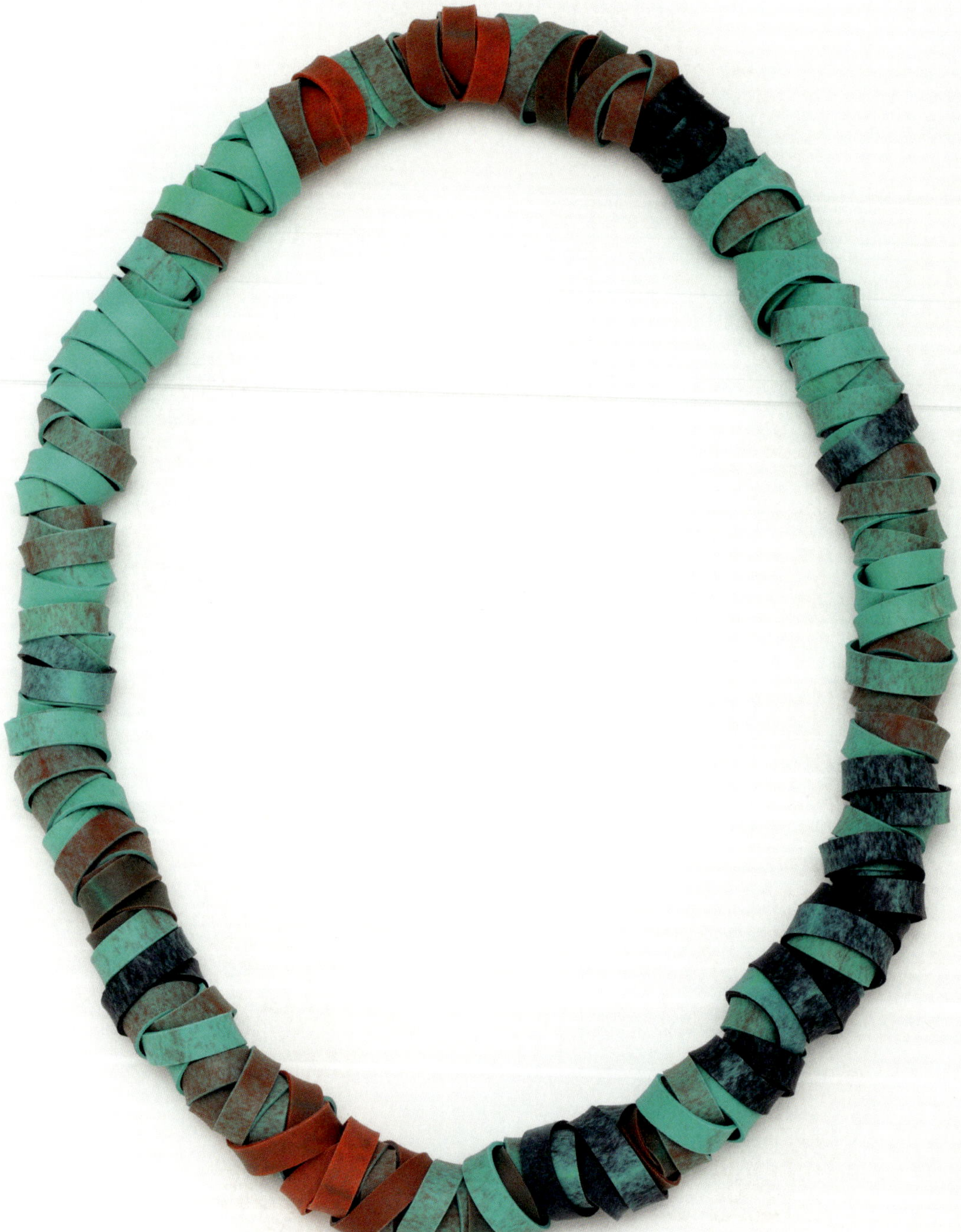

99 Sammlung I / 99 Collection I
Halsschmuck / necklace, 2010, Gummibänder / rubber bands
230 × 160 × 18 mm

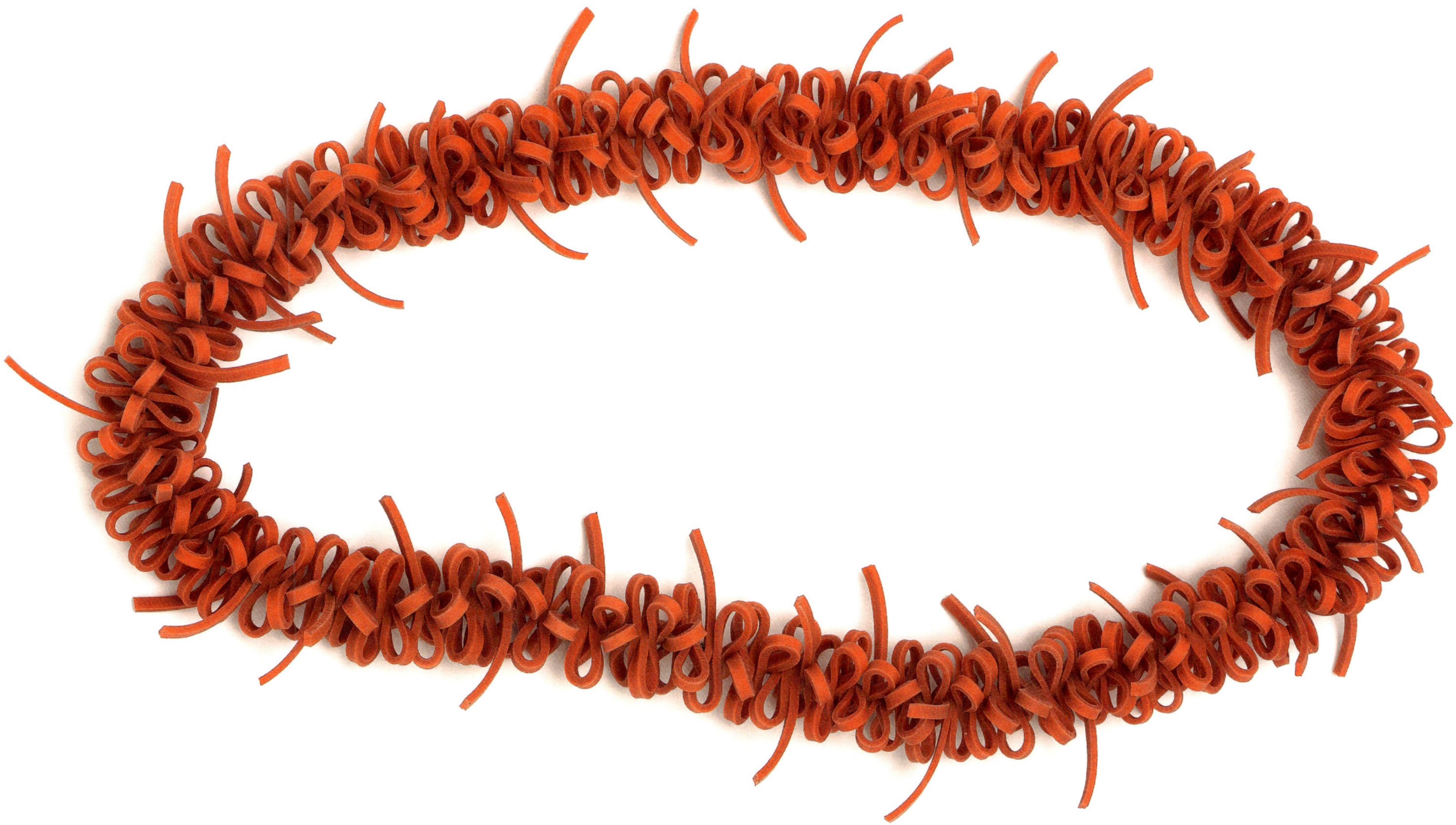

99 Sammlung II / 99 Collection II
Halsschmuck / necklace, 2010, Gummibänder / rubber bands
320 × 140 × 27 mm

Derivat #01 / Derivative #01
Halsschmuck / necklace, 2020, Kunststoff / plastic
460 × 140 × 60 mm

Derivat #03 / Derivative #03
Halsschmuck / necklace, 2020, Kunststoff / plastic
460 × 120 × 40 mm

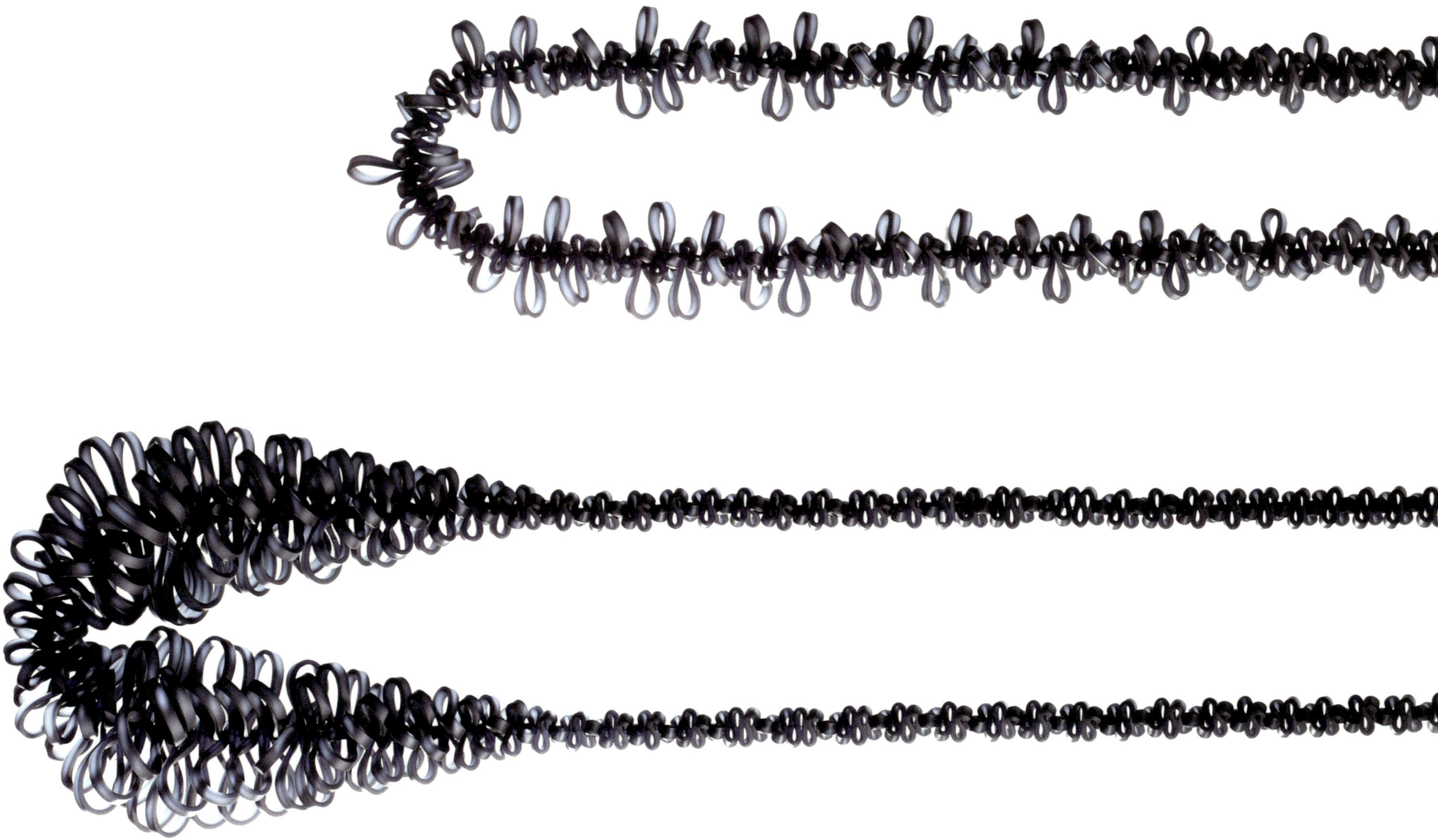

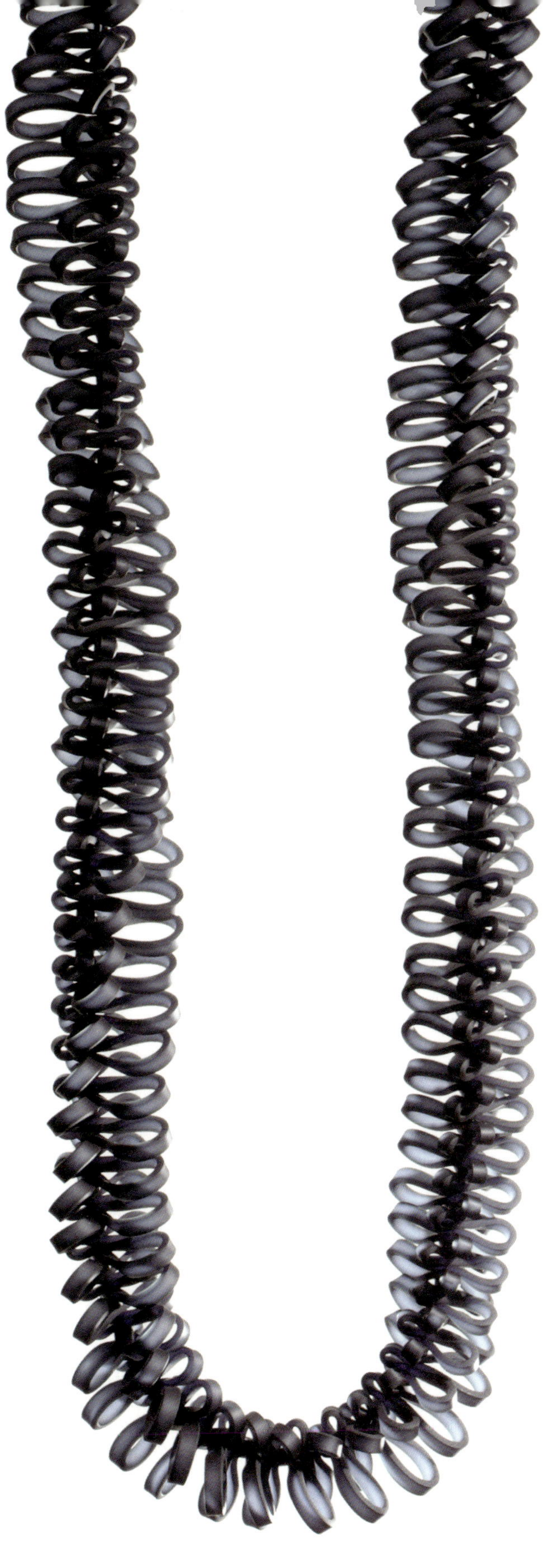

Derivat #04 / **Derivative #04**
Halsschmuck / necklace, 2020, Kunststoff / plastic
400 × 120 × 25 mm

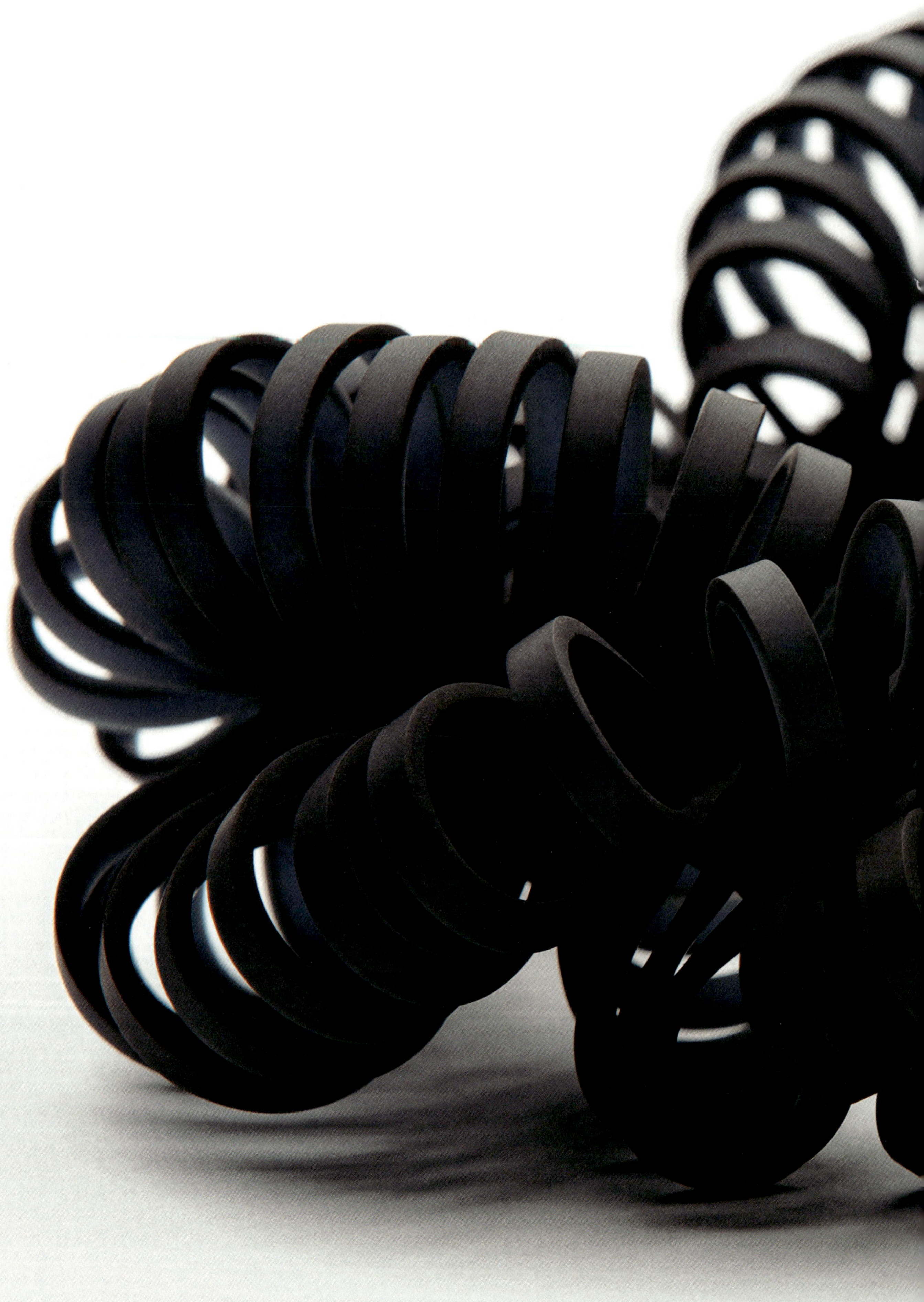

Derivat #01 / Derivative #01
Halsschmuck / necklace (Detail / detail), 2020, Kunststoff / plastic
460 × 140 × 60 mm

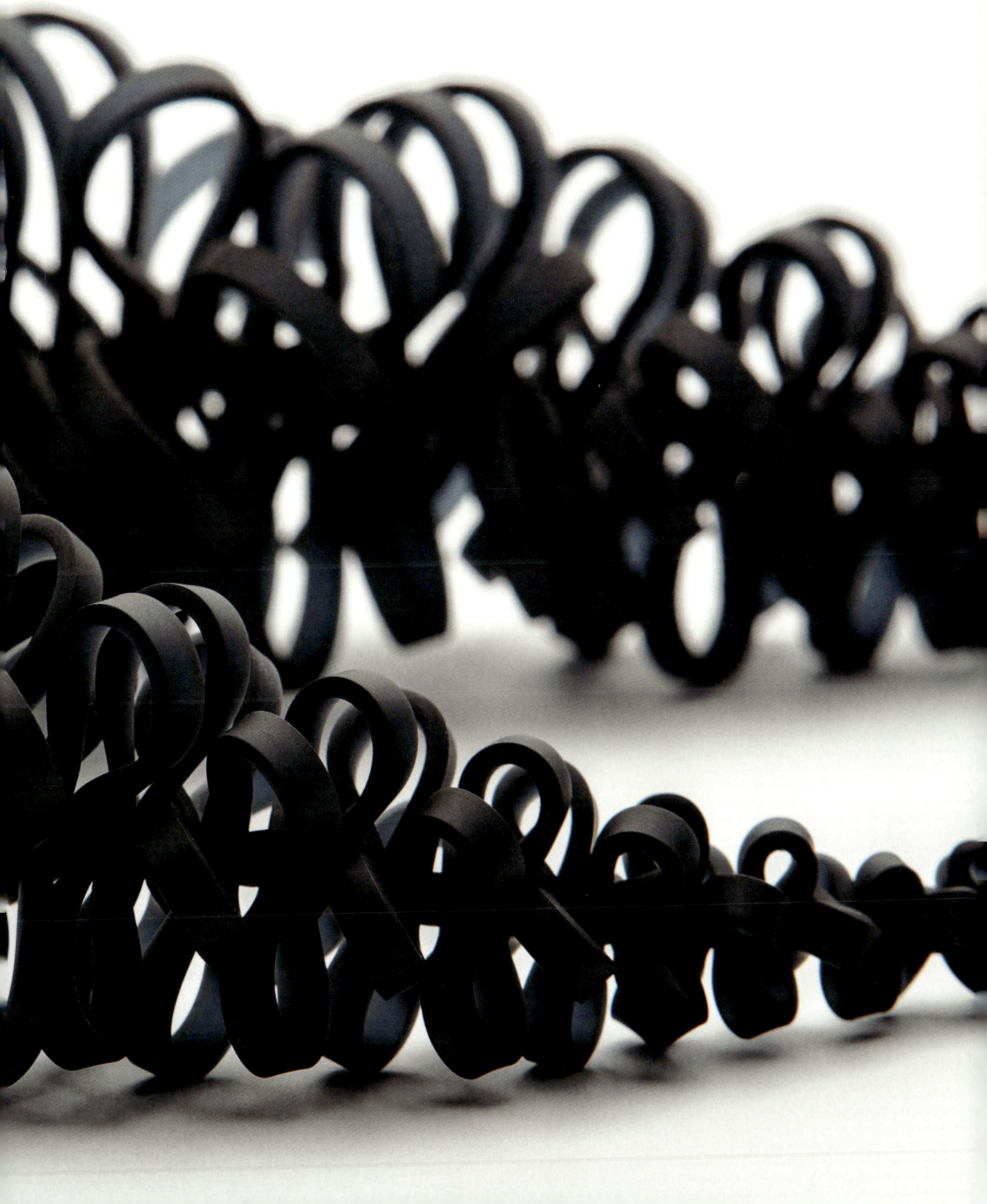

Derivat #07 / Derivative #07
Halsschmuck / necklace, 2020
(Detail / detail)

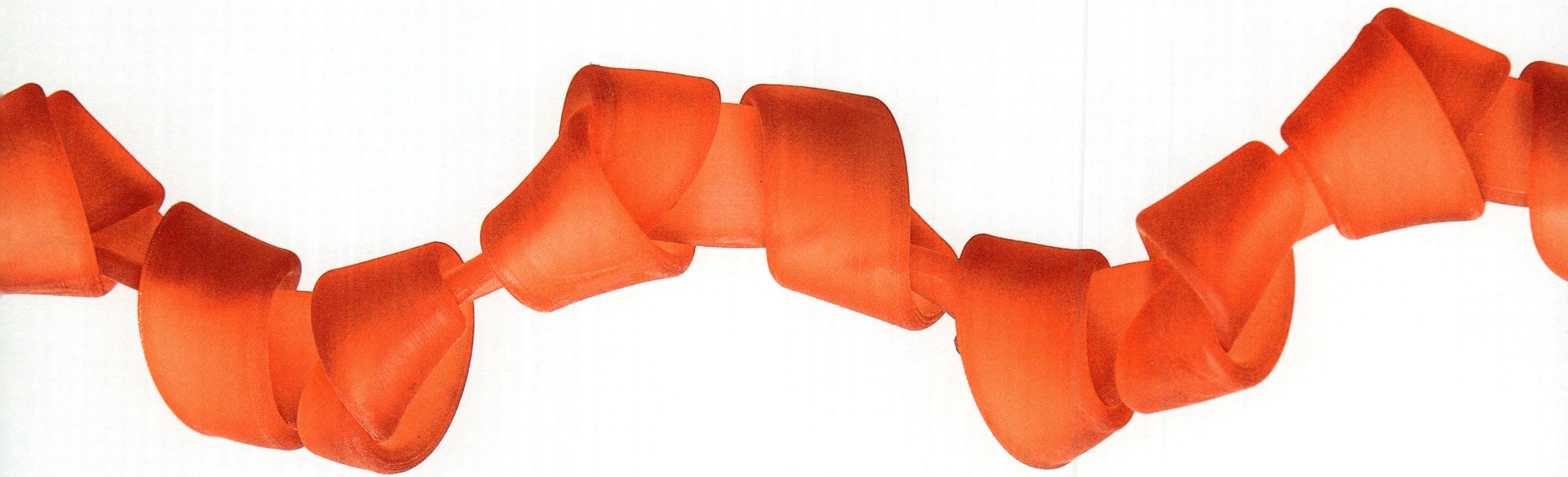

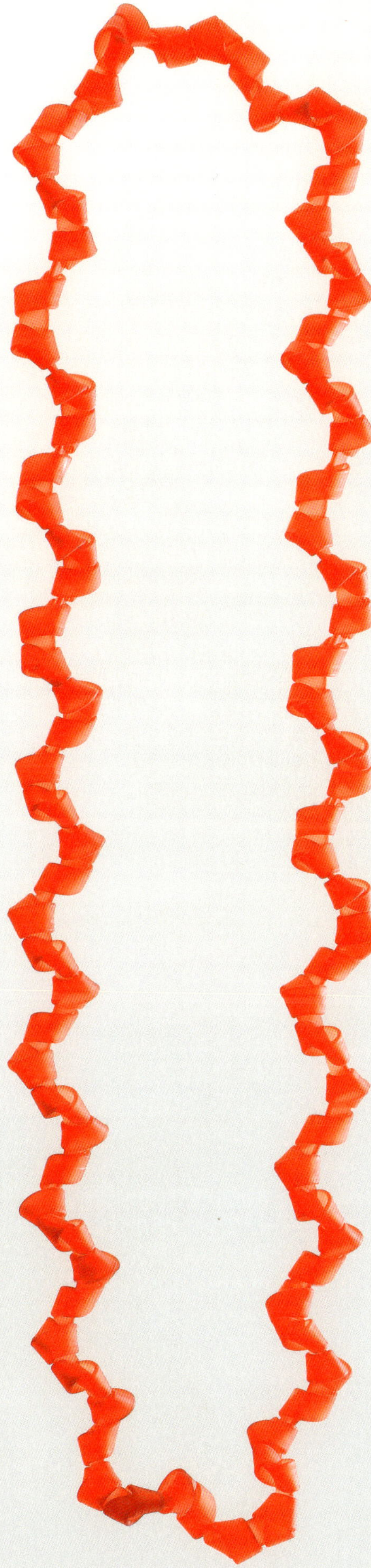

Derivat #07 / Derivative #07
Halsschmuck / necklace, 2020, Kunststoff / plastic
480 × 140 × 15 mm

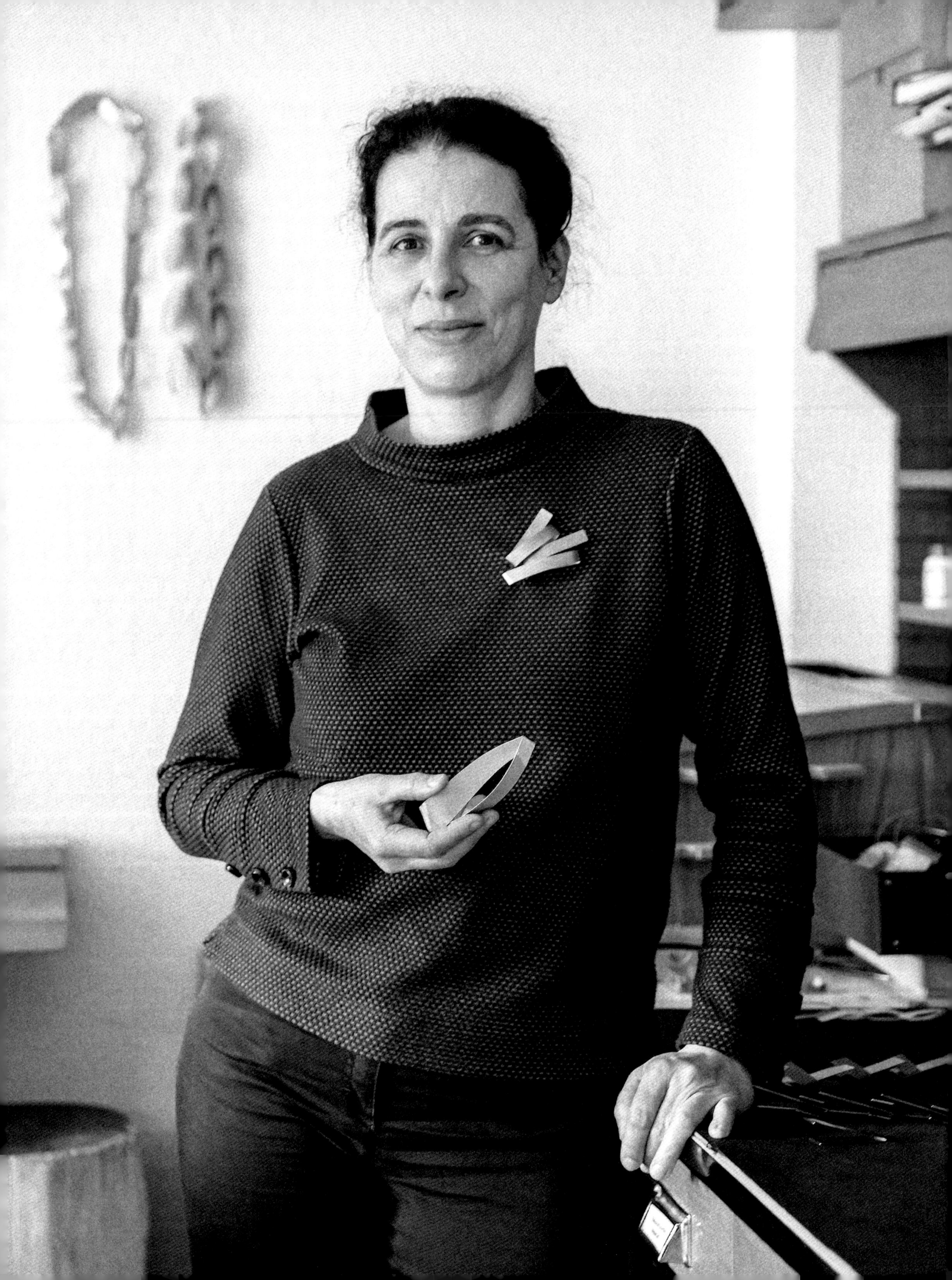

SILKE TREKEL

1969 geboren in Rostock / Born in Rostock (DE)

AUSBILDUNG / EDUCATION

Seit / since 1998 Freischaffend in Halle (Saale) tätig / Freelance in Halle (Saale)
1997–98 Postgraduiertenstudium Burg Giebichenstein Kunsthochschule Halle / Postgraduate studies at Burg Giebichenstein University of Art and Design Halle
1994–95 Studium am LASALLE College of the Arts, Singapur / Studied at LASALLE College of the Arts, Singapore
1991–97 Studium Burg Giebichenstein Kunsthochschule Halle, Studiengang Plastik, Fachgebiet Schmuck bei Dorothea Prühl, Abschluss mit Diplom / Sculpture course, specialising in jewellery under Dorothea Prühl at Burg Giebichenstein University of Art and Design Halle, graduate with diploma
1990–91 Schmuckindustrie Pforzheim, Walser-Bauer GmbH & Co. KG / Pforzheim jewellery industry, Walser-Bauer GmbH & Co. KG
1989–90 Edelschmiede Zwickau, Betriebsteil Leipzig, Abendstudium an der Hochschule für Grafik und Buchkunst Leipzig / Serial jewellery production, sector Leipzig; evening courses at the Academy of Fine Arts Leipzig (HGB)
1987–89 Ausbildung zur Edelmetall-Facharbeiterin, VEB Ostsee-Schmuck Ribnitz-Damgarten / Specialist training in working precious metals, VEB Ostsee-Schmuck Ribnitz-Damgarten

STIPENDIEN UND PREISE/ STUDY GRANTS AND PRIZES

2015 Artist in Residence, AICHI University of the Arts (JP)
2014 Erster Preis / First prize, Premio Fondazione Cominelli, Cisano di San Felice del Benaco (IT)
2013 Grassipreis der Galerie Slavik, Wien / Vienna (AT) GRASSI Museum für Angewandte Kunst Leipzig (DE)
2010 Internationales Arbeitsstipendium / International work grant, International Studio & Curatorial Program (ISCP), New York (US)
2007 Arbeitsstipendium / Work grant, Kunststiftung Sachsen-Anhalt (DE)
2007 Artist in Residence, Jakob Bengel-Stiftung / Fachhochschule Trier, Campus Idar-Oberstein (DE)
2002 Arbeitsstipendium / Work grant, Stiftung Kulturfonds, Berlin (DE)
2001 Arbeitsstipendium / Work grant from, des Landes Sachsen-Anhalt (DE)

LEHRE / TEACHING CAREER

Seit / since 2018 Lehrtätigkeit Fachdidaktik Kunst, TU Chemnitz / Trained art teachers, Chemnitz University of Technology (DE)
2018 Vortrag und Workshop / Lectures and workshop, Makers Guild Wales, Cardiff (UK)
2015 Gastdozentin / Visiting lecturer, AICHI University of the Arts (JP)
2012 Vortrag / Lecture, Legnica Jewellery Festival Silver (PL)
2004 Gastdozentin / Visiting lecturer, masterclass, Royal College of Art, London (UK)

ARBEITEN IN ÖFFENTLICHEN SAMMLUNGEN / WORKS IN PUBLIC COLLECTIONS

- Fuller Craft Museum, Brockton (US)
- Sammlung / Collection of Deedie Rose, Promised Gift to the Dallas Museum of Art (US)
- Olnick Spanu Collection, New York (US)
- GRASSI Museum für Angewandte Kunst, Leipzig (DE)
- Gallery of Art, Legnica (PL)
- The Museum of Fine Arts, Houston (US)
- Sammlung / Collection of Raffaele Cominelli Foundation, Cisano di San Felice del Benaco (IT)
- Museum of Arts and Design, New York (US)
- Victoria and Albert Museum, London (UK)
- Artist in Residence Collection, Jakob Bengel-Stiftung Idar-Oberstein (DE)
- The Marzee Collection, Nijmegen (NL)
- Kulturstiftung Sachsen-Anhalt, Kunstmuseum Moritzburg Halle (Saale) (DE)
- Lotte Reimers-Stiftung, Deidesheim (DE)
- Sammlung / Collection of Burg Giebichenstein Kunsthochschule Halle (DE)
- Museum für Natur & Stadtkultur Schwäbisch-Gmünd (DE)

AUSSTELLUNGEN (AUSWAHL)
EXHIBITIONS (SELECTION)

2021 in der Auswahl für / Selected for *SCHMUCK 2021,* Internationale Handwerksmesse, München / Munich (DE)
2020 *Friedrich Becker Preis,* Stadtmuseum Düsseldorf; Deutsches Goldschmiedehaus Hanau (DE)
Japan Jewellery Competition, Tokyo Metropolitan Art Museum (JP)
Die Sprache der Dinge – Angewandte Kunst der Lotte Reimers-Stiftung, Museum Pfalzgalerie Kaiserslautern (DE)
2019 *Lucas Cranach – Renaissance Beauties,* Sinebrychoff Art Museum, Finnish National Gallery, Helsinki (FI)
PRESENT 40 Years of Galerie Marzee, Galerie Marzee, Nijmegen (NL)
2018 *SCHMUCK 2018,* Internationale Handwerksmesse, München / Munich (DE)
INÉDIT#1, Galerie Viceversa, Lausanne (CH)
Melting Point, Craft in the Bay, Cardiff (UK)
*... in der Ferne ...,** Stadtarchiv Halle (Saale) (DE)
2017 *SCHMUCK 2017,* Internationale Handwerksmesse, München / Munich (DE)
Beijing International Jewelry Art Biennial, BIFT, Beijing (CN)
2016 *Beautiful Mind: Ein Schmuckstück für Cranach,* Kunstgewerbemuseum – Staatliche Museen zu Berlin; Augusteum, Lutherstadt Wittenberg; Schmuckmuseum Pforzheim (DE)
Collezione Permanente del Gioiello Contemporaneo, Oratorio di San Rocco, Padua (IT)
*Japanese Impressions,** Galerie Marzee, Nijmegen (NL)
2015 *Vitreous Surfaces,* Galerie Viceversa, Lausanne (CH)
Dialog (mit / with Prof. Chiharu Nagai & Sylvia Kögler), Shumokukan, Nagoya (JP)
2014 *Cominelli Foundation Award,* Cisano San Felice del Benaco (IT)
Perron Kunstpreis der Stadt Frankenthal (Pfalz) für Porzellan, Kunsthaus Frankenthal (Pfalz); Porzellanikon – Staatliches Museum für Porzellan, Hohenberg a.d. Eger / Selb (DE)
Durchbrüche – Schmuck und Gefäße aus Porzellan (mit / with Sylvia Kögler), Stadtmuseum Halle (Saale) (DE)
2013 *SCHMUCK 2013,* Internationale Handwerksmesse, München / Munich (DE); Gallery of Art, Legnica (PL)
Form- und Farbenspiel – Neue Wege im Emailschmuck, Deutsches Goldschmiedehaus Hanau; KreisMuseum Zons (DE)
2012 *Die Renaissance des Emaillierens,* Galerie Handwerk, München / Munich (DE)
*Spatial Figures,** Gallery of Art, Legnica (PL)
Total Stahl. Stahlschmuckpreis IV, Deutsches Goldschmiedehaus Hanau; Handwerksform Hannover; Schloss Klaffenbach, Chemnitz (DE) (Wanderausstellung bis / Touring exhibition until 2013)
2011 *Materials Revisited. 10. Triennale für Form und Inhalte,* Museum für Angewandte Kunst, Frankfurt / Main (DE)
*Spatial Structures,** Gallery Fingers, Auckland (NZ)
Surface & Substance – International Contemporary Enamel Jewellery, Electrum Art Gallery, London; Ruthin Craft Centre, Wales (UK)
The Ring, Gallery Hnoss, Göteborg / Gothenburg (SE)
2010 *Open Studios,* ISCP New York (USA)
First International Bagués-Masriera Enamel Award, The Royal Academy, Barcelona (ES)
2009 *Jewellery with Enamel,* Museum for vlakglasen emaillekunst, Ravenstein (NL)
* Galerie Marzee, Nijmegen (NL)
2008 *48 Karat,* Stipendiatenausstellung der / Bursary exhibition of the Kunststiftung Sachsen-Anhalt, Halle (Saale) (DE)
2007 *Hnoss Depended – 10 Years Jubilee,* Röhsska Museum, Göteborg / Gothenburg (SE)
2006 * Gallery Hnoss, Göteborg / Gothenburg (SE)
2005 *Die Sprache der Dinge – Arbeiten internationaler Künstler aus der Lotte Reimers-Stiftung,* Theodor-Zink-Museum, Kaiserslautern (DE)
2004 *Schmuck der Burg,* Galerie V&V, Wien / Vienna (AT)
* Galerie Marzee, Nijmegen (NL)
2003 *Jewellery, Roermond's Choice,* Stedelijk Museum, Roermond (NL)
2002 *Natur und Zeit,* Deutsches Goldschmiedehaus Hanau (DE)
* Galerie Marzee, Nijmegen (NL)
2001 *Mikromegas,* Galerie für Angewandte Kunst, München / Munich (DE); American Craft Museum, New York (US); Musée de l'horlogerie et de l'émaillerie, Genf / Geneva (CH); Hiko Mizuno College of Jewelry, Tokyo (JP); Powerhouse Museum Sydney (AU); John Curtin Gallery, Bentley, WA (US) (Wanderausstellung bis / Touring exhibition until 2004)
2000 *Augenlust – Zeitgenössisches Kunsthandwerk mit europäischen Gastbeiträgen,* Galerie am Fischmarkt, Erfurt (DE)
* Galerie Marzee, Nijmegen (NL)

1999 *Ich trage Schmuck. Schmuck und Fotografie*, Germanisches Nationalmuseum, Nürnberg / Nuremberg (DE)
SCHMUCK '99, Internationale Handwerksmesse, München / Munich (DE)
1998 *SCHMUCK '98*, Internationale Handwerksmesse, München / Munich (DE)
1997 *Annual International Graduate Show*, Galerie Marzee, Nijmegen (NL)
1996 *Johann-Michael-Maucher-Wettbewerb*, Galerie im Prediger, Schwäbisch Gmünd (DE)
1995 *11. Silbertriennale*, Deutsches Goldschmiedehaus Hanau (DE)

(* Einzelausstellungen / solo exhibitions)

PUBLIKATIONEN (AUSWAHL)
PUBLICATIONS (SELECTION)

Die Sprache der Dinge. Angewandte Kunst der Lotte Reimers-Stiftung im Museum Pfalzgalerie Kaiserslautern. Marlene Jochem. Stuttgart 2020

Schmuck 2018. Wolfgang Lösche (Hg. / ed.). GHM-Gesellschaft für Handwerksmessen mbH, München / Munich 2018

Schmuck 2017. Wolfgang Lösche (Hg. / ed.). GHM-Gesellschaft für Handwerksmessen mbH, München / Munich 2017

Collezione Permanente del Gioiello Contemporaneo. Fondazione Cominelli, Cisano di San Felice del Benaco 2016

2006–2015 Artist in Residence Collection. Jacob Bengel-Stiftung in Kooperation mit / in collaboration with University of Applied Sciences Trier, Campus Idar-Oberstein 2016

DURCHBRÜCHE – Schmuck und Gefäße aus Porzellan. Stadtmuseum Halle (Saale) 2014

Form- und Farbenspiel. Neue Wege im Emailschmuck. Gesellschaft für Goldschmiedekunst e.V., Deutsches Goldschmiedehaus Hanau 2012

Spatial Figures. Silke Trekel. The Gallery of Art, Legnica 2012

Materials Revisited. Museum für Angewandte Kunst, Frankfurt / Main; Klingspor-Museum, Offenbach 2011

Wagemutig I Die Kunststiftung des Landes Sachsen-Anhalt 2005–2010. Manon Bursian, Ines Engelmann. Berlin 2011

Total Stahl. Stahlschmuckpreis IV. HAWK Hochschule für angewandte Wissenschaft und Kunst, Hildesheim, Kolloquium Nordrhein-Westfalen, Stuttgart 2011

Jewelry and Objects. Silke Trekel. 2010

The Compendium Finale of Contemporary Jewellers 2008. Andy Lim. Köln / Cologne 2009

Hnoss Depended. 1997–2007. Gallery Hnoss, Röhsska Museum, Göteborg / Gothenburg 2007

Sieraden, de keuze van Roermond – Roermond's Choice. Marie José van den Hout. Nijmegen 2004

Collection Feldversuch – Klasse Dorothea Prühl class. The Marzee Collection, Marie José van den Hout. Nijmegen 2004

Mikromegas. Schriftenreihe des Bayerischen Kunstgewerbevereins e.V., Heft / issue 27, München / Munich 2001

Ich trage Schmuck. Schmuck und Fotografie. Forum für Angewandte Kunst, Nürnberg / Nuremberg 1999

Design Sourcebook: Jewellery. David Watkins. New Holland Publishers, London 1999

Herausgeberin / Editor: Ellen Maurer Zilioli
Autorinnen / Authors: Monika Fahn, Ellen Maurer Zilioli

Übersetzung / Translations: Joan Clough
Lektorat / Copy editing: Wendy Brouwer, Stuttgart
arnoldsche Projektkoordination / Project coordination: Greta Garle
Grafische Gestaltung / Graphic design: Susanne Hagendorf, Halle (Saale)
Druck / Printed by: Schleunungdruck, Marktheidenfeld
Buchbinder / Bound by: Schaumann, Darmstadt
Papier / Paper: Gardapat 13 Kiara Vol. 1,3 weiß / white

Bibliografische Information der Deutschen Nationalbibliothek / Bibliographic information published by the Deutsche Nationalbibliothek:
Die Deutsche Nationalbibliothek verzeichnet diese Publikation in der Deutschen Nationalbibliografie; detaillierte bibliografische Daten sind im Internet über www.dnb.de abrufbar. / The Deutsche Nationalbibliothek lists this publication in the Deutsche Nationalbibliografie; detailed bibliographic data are available on the Internet at www.dnb.de.

ISBN 978-3-89790-613-6

Der Katalog erscheint anlässlich der Ausstellungen / This catalogue is published in conjunction with the exhibitions at Bayerischer Kunstgewerbeverein, München / Munich (DE)
5.3.–17.4.2021
Deutsches Goldschmiedehaus Hanau (DE)
12.9.–10.11.2021

BAYERISCHER
KUNSTGEWERBEVEREIN
SEIT 1851

Gesellschaft für Goldschmiedekunst e.V.
Deutsches Goldschmiedehaus Hanau

Made in Germany, 2021

Bildnachweis / Photo credits
© 2021 VG Bild-Kunst, Bonn für / for Silke Trekel
Alle Fotos / all photographs Christoph Sandig
außer / except of: Wieland Krause (S. / pp. 10–11),
Silke Trekel (S. / pp. 18, 36–37, 98–99),
Helga Schulze-Brinkop (S. / pp. 26–27),
Sylvia Kögler (S. / pp. 74–75),
Matthias Ritzmann (S. / pp. 90, 94, 96–97, 104–106, 108)
S. / p. 4: Tubifex / Tubifex, Brosche / brooch, 2011, Porzellan, Silber, Schnur / porcelain, silver, thread, 120 × 28 × 12 mm

Literaturnachweis (S. 20–21) / Reference (pp. 20–21):
Jan Ulenbrook, *Haiku: Japanische Dreizeiler.* Stuttgart 1995, S. / p. 206; ins Englische übersetzt von / translated into English by Wendy Brouwer

Dieses Buch entstand mit großzügiger Unterstützung von / This book has been produced with the generous support of Kunststiftung Sachsen-Anhalt, Deutsches Goldschmiedehaus Hanau, Bayerischer Kunstgewerbeverein, Porzellanfabrik Hermsdorf GmbH.

KUNSTSTIFTUNG SACHSEN-ANHALT

KWH PORZELLANFABRIK HERMSDORF GMBH